Es weihnachtet

Das große festliche Weihnachtsbuch

XENOS

Lizenzausgabe für XENOS Verlagsgesellschaft m.b.H.
Am Hehsel 40, 22339 Hamburg
Copyright © 1996 by INTERPRESS GmbH
Hartwicusstraße 3 - 4, 22059 Hamburg

Redaktion
P. Dvorak, K. Reinecke, G. Otto-Rieke

Gestaltung
A. Medina

Bildquellen
Kunstbibliothek Berlin (Titelbild); Archiv für Kunst und Geschichte;
Bildarchiv Preußischer Kulturbesitz; Gruner & Jahr; Jahreszeiten-Verlag
Karl Zimmermann

Noten
Philipp Reclam jun. Vlg.

Produktionsbetreuung
Klaus-Dietrich Petersen

Umschlaggestaltung und Satz
SDS Satz + Druckservice GmbH, Hamburg

Printed in Italy

Inhaltsverzeichnis

Vorbereitung auf Weihnachten

Zeit der Gedichte, der Geschichten, der Märchen

Lieder

Basteln und Handarbeiten

Weihnachtsrezepte

„Unter dem Weihnachtsbaum", Lithographie von Robert Beyschlag

Weihnachten

Weihnachten – ein Fest für alle Menschen, für jung und alt, für arm und reich. Es ist ein ganz besonderes Fest der Freude, der Freude über die Geburt des Christkindes, eine Gelegenheit, Liebe zu zeigen und zu empfangen. Doch vor allem ist es ein Fest der Familie. Wer erinnert sich nicht an seine Kinderzeit, als im Lichterglanz des Christbaumes die langersehnte Stunde der Bescherung schlug. Als sich Eltern und Kinder versammelten, um gemeinsam den Höhepunkt des Jahres zu begehen und zu erleben.

Und wer möchte dieses Glücksgefühl von damals, dieses Gemeinsamkeitsgefühl nicht seinen Kindern vermitteln? Ohne Zweifel die Mehrheit der Eltern im Lande. Doch es scheint, als ob viele von uns verlernt haben, das weihnachtliche Fest sinnvoll zu begehen. Denn die – gekauften – Geschenke allein machen noch keine Weihnacht, so schön es auch ist, vor einem reichbesetzten Gabentisch zu stehen.

So mancher hat augenscheinlich vergessen, daß zum Fest in der Familie vor allem das Miteinander gehört. Das gegenseitige Schenken und Beschenken nämlich genauso wie die gemeinsame Vorbereitung und die gemeinsame Freude. Es genügt eben nicht, wenn die Eltern den Kindern ein Geschenk kaufen und die Kinder vielleicht den Eltern. Eltern und Kinder zusammen beim Basteln, beim Einüben einer Aufführung, eines Liedes, beim Ausdenken einer Überraschung, beim Kochen und Backen – so sollte es sein.

Und das ist die Aufgabe dieses Buches: Es soll Anregungen liefern, wie Sie zusammen mit Ihren Kindern das Weihnachtsfest vorbereiten können, vom Gaben- bis zum festlich gedeckten Essenstisch. Denn Weihnachten, das ist ein Ganzes – eine Zeit, die nicht beim Geschenk beginnt oder aufhört, sondern die erlebt werden sollte – freudig erlebt, im Kreise Ihrer Familie.

Vorbereitung auf Weihnachten

Wenn die Tage kürzer werden, sich das Laub an den Bäumen schon längst braun oder gold gefärbt hat, dann dauert es nicht mehr lang und es ist wieder Weihnachten. Die immer früher beginnenden Abende verbringt die Familie jetzt oft mit Freunden, um Teepunsch, Glühwein oder „Eisbrecher" zu trinken, Bratäpfel zu schmausen und die ersten Nüsse zu knacken.

Aber es gibt mehr zu tun, als behaglich zurückgelehnt das Weihnachtsfest zu erwarten. Da gilt es, die Vorfreude der Kinder zu dämpfen – ohne die Kleinen jedoch zu enttäuschen –, Vorbereitungen zu treffen und die Adventszeit zu nutzen als Einstimmung auf die großen, kommenden Feierlichkeiten. Die Zimmer müssen entsprechend hergerichtet, Geschenke besorgt oder gebastelt werden. Auch der Besuch auf dem vielerorts stattfindenden Christkindlmarkt steht in dieser Zeit auf dem Programm.

Trotz mancher Hektik, die mitunter nicht zu vermeiden ist, sollte die Adventszeit ein Monat der Freude sein. Gerade die Sonntagnachmittage müßten deswegen eine Oase der Erholung und Geruhsamkeit bleiben, reserviert für die Familie. Wie man sich in diesen Stunden gemeinsam beschäftigen kann und an was man denken sollte, davon handelt dieses Kapitel.

Die Adventszeit

Der Adventskalender

Einer der schönsten Vorweihnachtsbräuche, der besonders den Kindern gefällt, ist das Aufhängen eines Adventskalenders. Einerlei, ob er nur aus einer bebilderten Papptafel mit kleinen Türchen besteht oder reich verziert und mit viel Arbeit gefertigt ist – Hauptsache, man kann an ihm ablesen, wie lange es noch dauert bis zum Heiligen Abend. Eine ausgefallene Idee: der Kerzenkalender. Für jeden Tag vor Weihnachten gibt es eine kleine, kugelförmige Kerze aus Stearin oder Wachs; nach Eintritt der Dunkelheit brennt dann eine der vierundzwanzig Kerzen nieder.

Natürlich möchten die Kleinen – wie auch mancher Erwachsene – jedes Jahr einen neuen Adventskalender aufhängen. Zu diesem Zweck bringt der Handel stets eine große Auswahl auf den Markt. Wir möchten jedoch einen ganz besonderen Kalender vorstellen, den man auch einmal wiederverwenden kann. Allerdings: Sie müssen ihn selbermachen – es ist bestimmt nicht zu schwer. Das Schöne an ihm ist, daß die ganze Familie mithelfen kann, die Mini-Mühle zu basteln. Es bleibt dann die Aufgabe der Eltern, die kleinen Säckchen zu füllen: mit Süßigkeiten, winzigem Spielzeug, Perlen oder Schmuck, einer Eintrittskarte in den Zoo (in Watte gehüllt) oder anderen Überraschungen.

Noch ein Tip: Sollten Sie die Advents-Mühle basteln wollen, denken Sie daran, daß sie zum 1. Dezember fertiggestellt ist. Schon der 2. Dezember ist der Erste Advent – da gibt es voraussichtlich also viel zu tun. Bereiten Sie eventuell einen Stellplatz für die Mühle vor; sie ist ca. 25 cm hoch und sollte auf einer Fläche von mindestens 20 × 30 cm ruhen, so daß rundherum die Säckchen, der Müller und weitere Dekorationen Platz haben.

Material für die Mühle:

Tonpapier in Blau und Braun, weißer Zeichenkarton, stärkere braune Pappe für die Flügelarme, ein Paket naturfarbene Strohhalme, verschiedene weiß-blau-gemusterte Stoffreste, Klebstoff.

Anleitung:

Bauen Sie nach unseren Maßen erst einmal den Unterbau der Mühle aus weißem Zeichenkarton. Danach wird der schräg zulaufende Mühlenturm zusammengeklebt und auf dem Unterteil befestigt. Die Kanten des Unterbaus werden mit 1/2 cm breiten, blauen Papierstreifen eingefaßt und die Tür mit braunen, 1 cm breiten Papierstreifen schuppenförmig hintereinander beklebt. An den zwei Seitenwänden und der Rückwand des Unterbaus werden außen je ein Fenster aus braunem Tonpapier angebracht, hinter das blaukarierte Stoffgardinen geklebt werden. Der obere Teil der Mühle wird nun mit geteilten und danach flachgebügelten Strohhalmen in zwei Stufen beklebt. Als Abschluß wird an der oberen Kante des Mühlenturms ein 1 cm breiter, blauer Papierstreifen zur Zierde angebracht. Danach wird das Dach nach unserer Zeichnung aus braunem Tonpapier gebaut und aufgesetzt. Zum Schluß werden vier Windmühlenflügel aus weißem Zeichenkarton geschnitten und an zwei 8 mm breiten und 30 cm langen Pappstreifen, versetzt angeklebt, kreuzweise übereinandergelegt und mit einer Stecknadel an der Vorderseite des Daches befestigt.

Material für den Müller und die Säcke:

Eine Papier- oder Styroporkugel mit 1,5 cm Durchmesser, zwei weiße Pfeifenreiniger, etwas Hanf oder gelbe Wolle, Stoff- und Filzreste, zwei kleine Holzperlen mit ca. 9 mm Durchmesser.

Anleitung:

Zuerst bohren Sie in die Kugel ein kleines Loch, in das Sie einen Streichholz einkleben. Nun formen Sie einen der beiden Pfeifenreiniger zu einer Haarnadel und befestigen ihn in der Mitte am Streichholz. Die beiden Enden des Reinigers bilden die Beine des Müllers. Den zweiten Pfeifenreiniger befestigen Sie waagerecht in der Mitte am Streichholz. So entstehen die Arme der Figur. Nun nähen Sie nach unseren Schnitten die passende Klei-

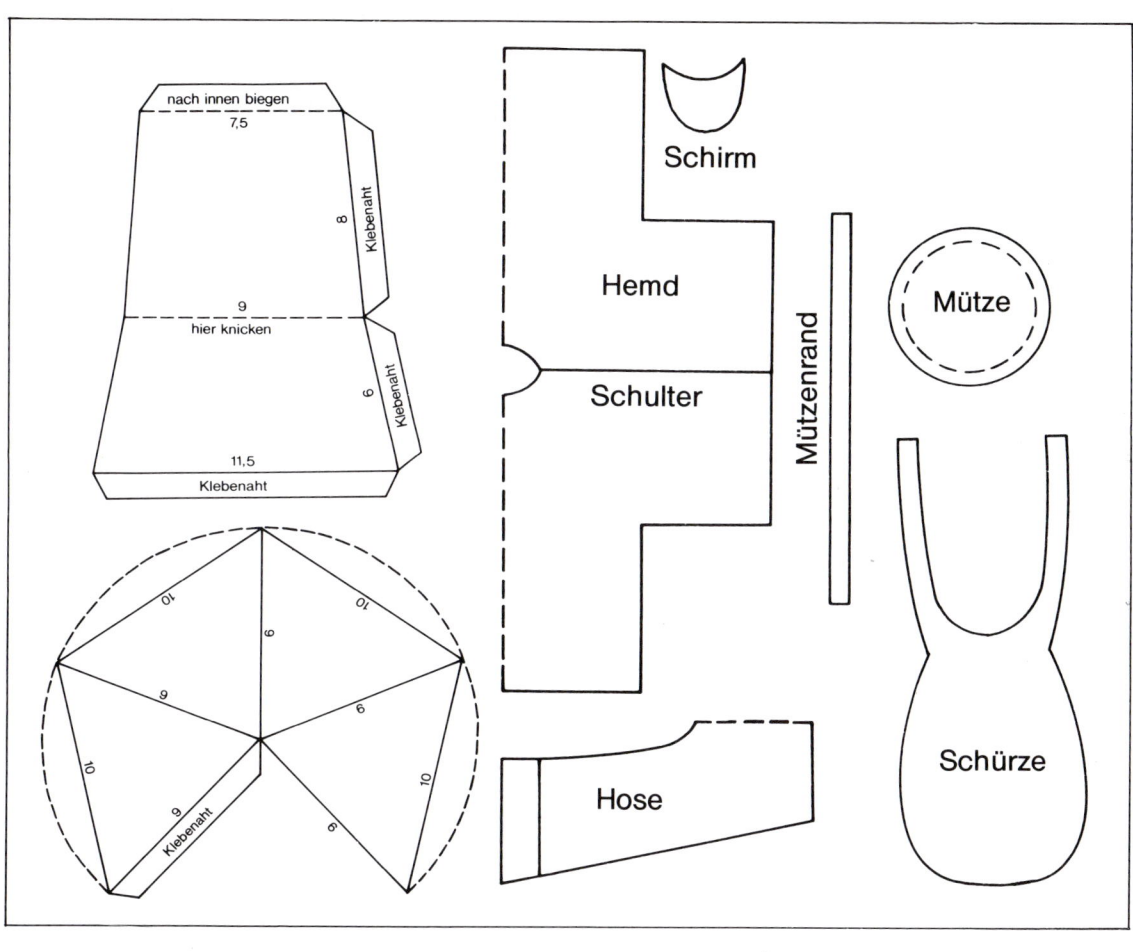

nach innen biegen

7,5

8

Klebenaht

9

hier knicken

6

Klebenaht

11,5

Klebenaht

10

9

10

9

6

10

9

Klebenaht

6

10

Schirm

Hemd

Schulter

Mützenrand

Mütze

Hose

Schürze

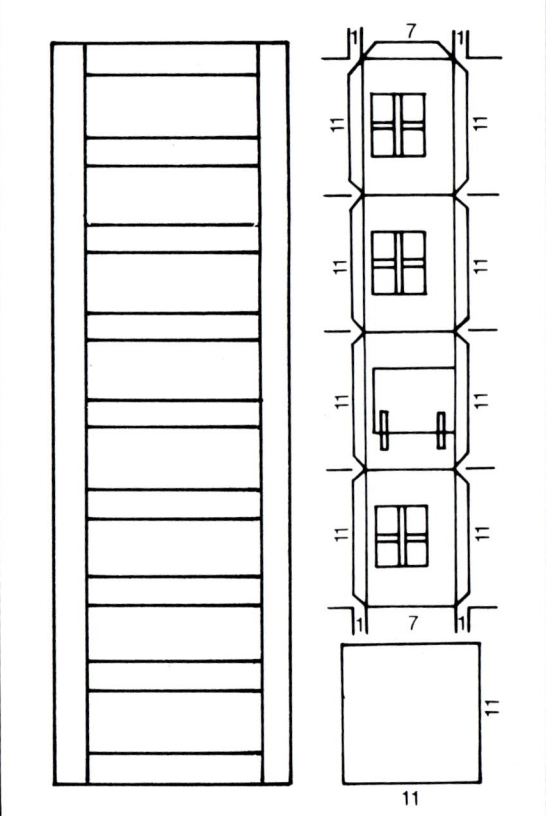

Genügend Platz für manche Überraschung bieten die Stoffstiefel, von denen Sie hier die Bastelanleitung finden. Auch wenn sie nicht speziell für den Nikolausabend dienen sollen, bieten sie eine nette Dekorationsmöglichkeit für Sträußchen oder Tannenzweige. Spitze, Hacke und Aufschlag der Stiefel sollten jeweils in umgekehrten Farbstellungen – möglichst aus Sternen- oder Weihnachtsstoff – gearbeitet werden. Wir haben sie für eine Länge von 39 cm und eine Breite von 30 cm ausgelegt; das Schnittmuster ist aber verkleinert wiedergegeben! Zeichnen Sie es bitte nach den angegebenen Maßen in Originalgröße nach.

Material für Stiefel:

Stoff in zwei Farben mit jeweils einer umgekehrten Farbstellung, Klebenessel oder Vlieseline-Bügeleinlage, passende Nähseide.

Anleitung:

Den Stiefel zweimal als ganzes Teil mit rundum 0,5 cm Nahtzugabe zuschneiden; bis auf die obere Kante mit 1 cm Stiefelspitze und Hacke je zweimal und den Umschlag einmal in der zweiten Farbe zuschneiden. Hacke und Stiefelspitze an der Aufstepplinie ohne Naht-

dung. Die Hosenbeine des Müllers werden umgeschlagen, so daß der Müller standfest ist. Als Füße verwenden wir je eine der Holzperlen. Zum Schluß wird die Kopfkugel mit Hanf oder Wolle als Haare beklebt und das Gesicht aufgemalt (zum Beispiel mit Filzstift). Die 24 Stoffsäckchen sind ca. 8 cm hoch und 6 cm breit und werden vorzugsweise aus blaubemusterten Stoffresten genäht.

Der Nikolaustag

Wohl kaum ein Heiliger wird noch heute so universal und mit so viel guter Laune gefeiert wie der Heilige Nikolaus. Er ist der Schutzheilige sowohl der Seeleute als auch der Schüler, doch am bekanntesten, weil er den Kindern im Dezember kleine Geschenke bringt. Vom 6. Dezember, dem St.-Nikolaus-Tag an, stellen sie dann ihre Schuhe oder Stiefel auf ein Fensterbrett, vor die Tür oder an den Kamin. Manche Eltern, die es ganz echt machen wollen, stellen ihre eigenen Schuhe daneben. Was wird am nächsten Morgen darin sein – eine Rute oder etwas Süßes?

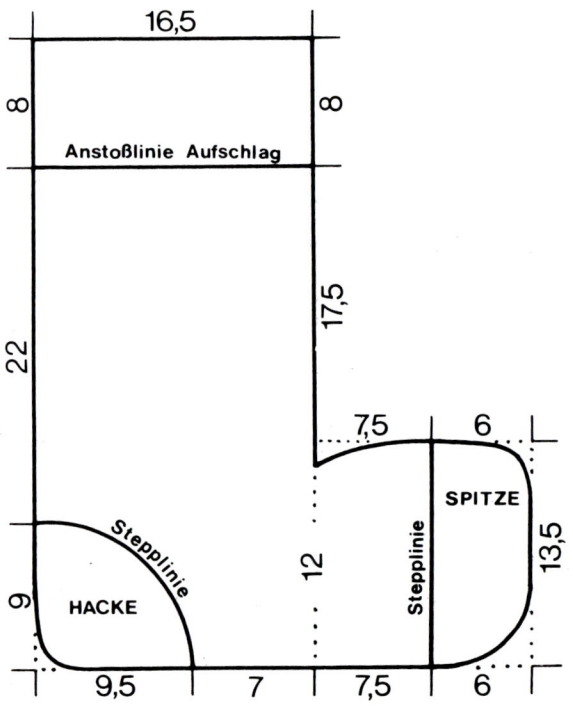

zugabe zuschneiden, sonst 0,5 cm anschneiden. Umschlag: Einen 19 cm breiten und 34 cm langen Streifen zuschneiden. Für alle Teile Einlagen zuschneiden und aufbügeln. Aufhänger: Einen 4 cm breiten (fertig 1 cm) und 27 cm langen Streifen schneiden. Nähen: Hacken und Stiefelspitzen laut Zeichnung mit kleinen Zickzackstichen aufsteppen. Den Stiefel verstürzen, bis auf die Eingriffskante; hier die Nahtzugabe nach links bügeln.

Beim Umschlag alle Schnittkanten versäubern, zur Rundung schließen; den Saum 3 cm breit feststeppen. Die noch offene Kante links auf links in den Stiefeln schieben; 1 cm und 7 cm von der Stiefelkante entfernt durchsteppen und den Umschlag nach unten wenden. Den Aufhänger verstürzen und in der oberen Umschlag-Stepplinie feststeppen.

Der Adventskranz

In der Zeit der Besinnung, des häuslichen Beisammenseins, darf er auf keinen Fall fehlen: der Adventskranz. Gewunden aus Fichtenzweigen, mit seinen dicken roten oder gelben Kerzen, vermittelt er erst die richtige vorweihnachtliche Atmosphäre. Auf den Tisch gestellt oder aufgehängt an roten oder violetten Schleifen ist er gewöhnlich mit kleinen Pilzen, künstlichem Schnee, Tannen- oder Kiefernzapfen sowie farbigen Bändern verziert.

Wer einmal einen ganz ausgefallenen, fröhlichen Adventskranz aufhängen möchte, der kann sich an die folgende Anleitung halten. Besonders Kinder werden sich an den vielen bunten Glitzerdingern freuen – und sie helfen vorher mit, sie zu basteln!

Doppelstern:

1. Ein 12 x 12 cm großes Quadrat aus Metallfolie viermal falten und viermal 2,5 mm tief einschneiden.
2. Die acht Ecken jeweils zur Mitte hin knicken.
3. Jeweils zwei Ecken zusammenkleben, wobei darauf zu achten ist, daß ein spitz zulaufender Hohlraum erhalten bleibt.
4. Einen zweiten Stern von hinten versetzt ankleben.

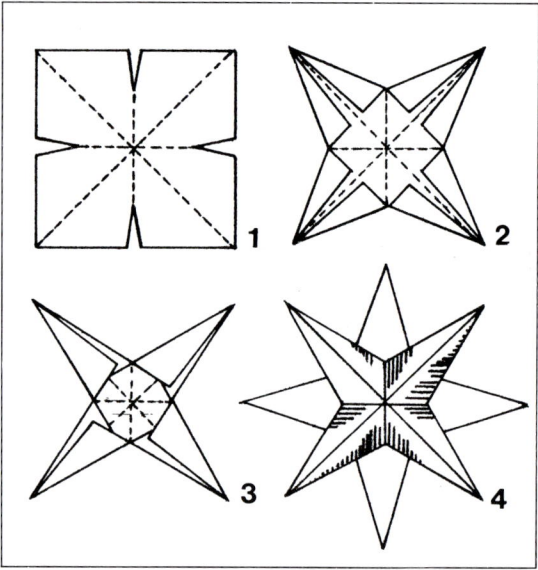

Glöckchen:

1. Aus zweifarbiger Metallfolie Kreis ausschneiden (8 cm Durchmesser) und bis zur Mitte einschneiden.
2. Papier so über die Finger biegen, daß sich zwei Glöckchen bilden.
3. Von beiden Seiten jeweils eine Hälfte an der Schnittkante ankleben und mit Aufhänger versehen.

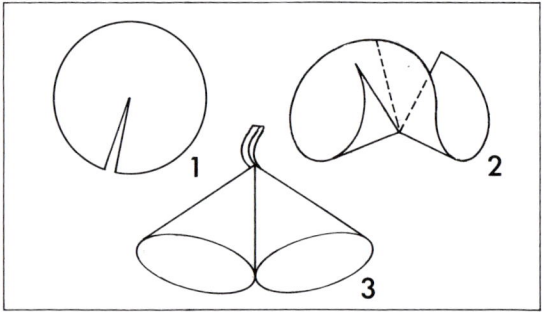

Ketten:

Aus Metallfolie 8 cm lange und 7 mm breite Streifen zuschneiden; zu langen Ketten zusammenkleben.

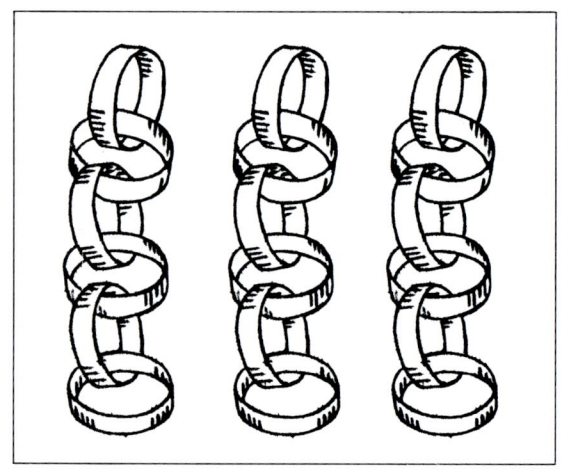

Geflochtenes Herz:

1. Aus verschiedenfarbiger Metallfolie zwei Rechtecke (5 x 15 cm) zuschneiden, in der Mitte knicken und Linien einschneiden.
2. Die gefalteten Zuschnitte wie angegeben miteinander verflechten.
3. Vorsichtig diagonal knicken und oberen Rand rund beschneiden.
4. Auseinanderfalten und Aufhänger ankleben.

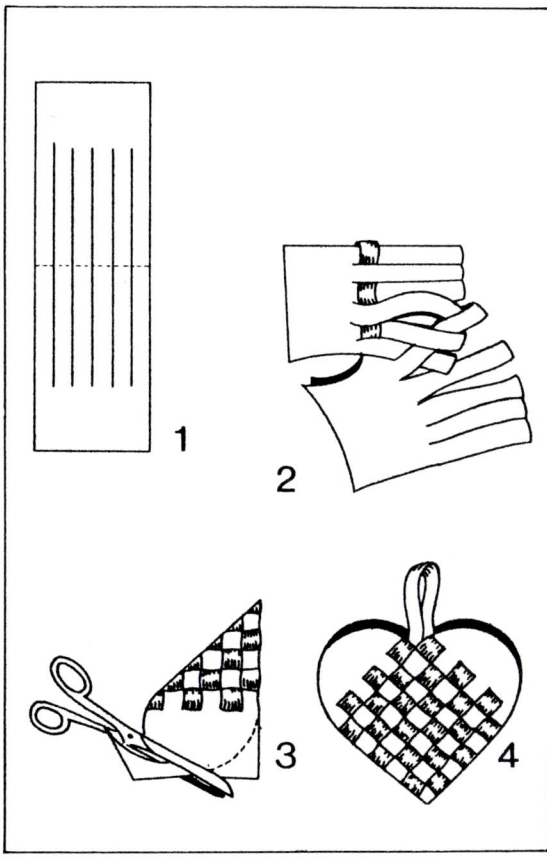

1

2

3

4

Adventskaffeetrinken

So richtig gemütlich wird der Adventssonntag erst immer mit den nachmittäglichen Kaffeetrinken. Dann brennen die Kerzen des Adventskranzes, während es draußen schon ganz allmählich dunkel wird. Man singt zusammen Lieder oder legt zumindest eine stimmungsvolle Schallplatte auf – vielleicht das „Weihnachtsoratorium" von Bach oder Händels „Messias". Auf dem Tisch steht etwas Gebäck und eine leckere Torte (siehe Rezeptteil). Den letzten Pfiff aber erhält die festliche Kaffeetafel durch passende Sets. Unser Vorschlag: Sets und Servietten, mit Kreuzstich bestickt. Das ist einfach und geht schnell.

Material:
70 cm Schülertuch, 85 cm breit, in Weiß; MEZ-Sticktwist in Rot (Nr. 47), 2 Stränge. Je ein Strang in Grün (Nr. 258), Rosa (Nr. 50), Weiß (Nr. 402), Blau (Nr. 132), Hellgrün (Nr. 241), Goldbraun (Nr. 0309), Braun (Nr. 359).

▨	Rot
⊡	Weiß
◪	Rosa
☰	Blau
◩	H.-Grün
⊗	Braun
▲	Ocker
▥	Grün

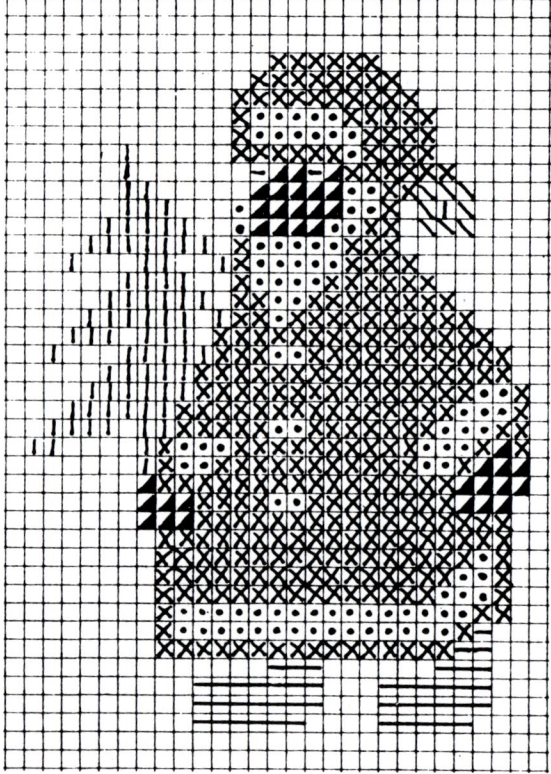

Anleitung:

Zunächst halbieren Sie Ihren Stoff von 70 auf 35 cm und schneiden von jedem Stück 35 cm in der Breite für die Servietten ab. Auf das verbliebene Stück sticken Sie mit halbem Faden im Kreuzstich über drei Gewebefäden rundherum eine Linie in der Größe 25,5 x 41 cm. Dabei soll der Stoff an allen vier Seiten etwa 3 cm für den Saum überstehen. Den Saum nach hinten umlegen und an der rot gestickten Linie festnähen. Das Motiv „Weihnachtsmann mit Schlitten" nach der Zeichnung auf das fertig genähte Set sticken. – Auf die Serviette einen Kreuzstichrand von 26,5 x 26,5 cm sticken. Den Weihnachtsmann im Kreuzstich in die obere Serviettenmitte plazieren. Serviette wie Set säumen.

Der Zimmerschmuck

Außer Adventskranz und Adventskalender kennen wir eine Fülle weiterer Dekorationsstücke für die Vorweihnachtszeit. Farbige Transparente und der Rauschgoldengel sind nur zwei Beispiele, die besonders gut in die Stimmung dieser Tage passen. Mit Liebe gefertigt und an der richtigen Stelle der Wohnung plaziert, geben sie einen Blickfang ab, der auch Nachbarn und Fremde an der eigenen Arbeit teilhaben läßt. Hinzu kommt: Es ist eine wundervolle Beschäftigung für die Kinder, diese Adventsutensilien zu basteln.

Transparente

Diese stimmungsvollen und farbenfrohen Lichtbilder lassen sich mit wenig Geld relativ einfach herstellen. Denkbar ist, daß die ganze

Familie an einem großen Transparent arbeitet oder daß jeder einzelne nach eigenem Entwurf ein solches erstellt. Vorher sollte man sich überlegen, ob die fertigen Werke ins Fenster gehängt oder vor hellen Kerzen im Zimmer aufgestellt werden sollen. Im zweiten Falle achten Sie bitte unbedingt darauf, daß das Bild weit genug von der Flamme entfernt steht, da sonst die Gefahr eines Feuers besteht!

Material:
Große Bögen schwarzen Farbkartons, ein Heft verschiedenfarbiges Transparentpapier, Klebstoff, Kugelschreiber, stabile Unterlage, Schneidemesser für Papier, Schere.

Anleitung:
Orientieren Sie sich an den angegebenen Motiven oder entwerfen Sie Ihre eigenen – der Phantasie sind keine Grenzen gesetzt. Achten Sie jedoch darauf, daß alle schwarz bleibenden „Linien" noch dick genug sind, den Klebstoff aufzunehmen. Nachdem Sie Ihr Motiv auf einem Zettel vorgezeichnet haben, übertragen Sie es auf den schwarzen Karton. Jetzt schneiden Sie die Teile heraus, die später durch Transparentpapier ersetzt werden sollen; am besten eignet sich dazu ein scharfes Papierschneidemesser. Nun kleben Sie von hinten die farbigen Formen auf. Überstehende Ecken können natürlich auch nach dem Trocknen noch abgeschnitten werden. Durch Übereinanderkleben verschiedener Farben erreichen Sie weitere Farbnuancen. Den Rand des fertigen Bildes verstärken Sie dann mit Streifen dickerer Pappe.

Der Rauschgoldengel

Schon seit vielen Jahren gehört der Rauschgoldengel zur weihnachtlichen Tradition. Das feierliche Aussehen dieser hübschen und beliebten Figur gibt dem Raum, in dem sie steht, bereits zur Adventszeit eine besondere Note. Solch einen Schmuckengel selbst herzustellen, ist für geschickte Hände gar nicht so schwer. Auch für die Feste weiterer Jahre stellt der feierliche Himmelsbote eine willkommene Ergänzung der Kaffeetafel oder des Gabentisches dar.

Material:
Ausreichend Metallfolie, beidseitig beschichtet (ca. 2 m silbern mit Sternen, ca. 1 m blau), silberne Brokatborte (ca. 2 m), Watte, einen kleinen Holzstab, zwei kleine Kerzen, dickes Nähgarn, Schere, Klebstoff, stabile Unterlage, eine Styroporkugel mit 4 cm Durchmesser, Pappe.

Anleitung:
Der Unterkörper des Rauschgoldengels wird aus Pappe geschnitten und doppelt aneinandergeklebt (siehe Zeichnung). Den Holzstab auf ca. 5 cm schneiden und am oberen Ende befestigen. Zwei Streifen Karton (22 cm lang und 2 cm breit) werden dann als Armstützen

angebracht. Das Unterkleid des Engels fertigen Sie aus einem Streifen blauer Metallfolie (95 x 25 cm), indem Sie das Material im Abstand von etwa je 1 cm wie eine Ziehharmonika falten. Das Überkleid wird entsprechend hergestellt; verwenden Sie dafür einen 95 x 15 cm großen Streifen der silbernen Folie. Auch die Ärmel entstehen auf ähnliche Weise – mit Streifen aus 50 x 10 und 50 x 3 cm Größe. Nachdem Sie die gefalteten Teile vor sich liegen haben, perforieren Sie Kleider und Ärmel entlang eines Längsrandes, ziehen mit einer Nadel das Nähgarn hindurch und ziehen die Teile jeweils so zusammen, daß eine Art Trichter entsteht. Achten Sie dabei auf die Maße des „Rohbaues"! Nun befestigen Sie

Rock und Ärmel an der Pappfigur. Der Brustschild, der sich in gleicher Form über den Rücken zieht, wird aus silberner Folie erstellt. Übertragen Sie das Muster auf die Folie, bohren Sie in der Mitte ein Loch hinein und stülpen Sie es dann über den Holzstab. Die Verzierung des Schildes fertigen Sie aus einem Streifen blauer Folie (60 x 1 cm) in Ziehharmonikaform. Ebenfalls die Halskrause entsteht auf die bereits geübte Weise: aus einem Streifen silberner (40 x 5 cm) und einem aus blauer Folie (40 x 3 cm). Auf den Holzstab setzen Sie dann die Styroporkugel,

die Sie vorher mit einem Gesicht bemalt haben (geübtere Hände können den Kopf natürlich auch mit Ton oder „Fimo" herstellen). Erst jetzt bekommt der Engel seine Wattehaare, mit denen Sie nicht sparen sollten, und eine kleine Krone. Das Überkleid, die Ärmel und den Hals verzieren Sie mit schmalen Streifen Brokatborte. Seine Kerzen hält der Engel mit kleinen Dreiecken (zwei Folienstreifen 3,5 x 1 cm), die in die oberen Ärmelfalten geklebt werden.
Die Flügel des Engels schneiden Sie aus blauer (groß) und silberner (klein) Folie. Kleben

Sie die Teile so aneinander, daß – von vorn gesehen – ein blauer Rand rund um den Flügel entsteht. Mittels der vorgesehenen Laschen kleben Sie sie dann an die Rückenpartie.

Der Wunschzettel

Weihnachten ist nicht nur das Fest des Lichtes, es ist auch die rechte Zeit für Geschenke. Aber wie soll man seine Wünsche bekanntmachen – zumindest so, daß man nicht aufdringlich wirkt? Da bietet der gute, alte Wunschzettel die beste Gelegenheit, seine kleinen und großen Sehnsüchte den anderen mitzuteilen. Es muß ja nicht der Weihnachtsmann selbst sein, an den man ihn abgibt . . . Aber wer den direkten Weg wählen will, kann das auch tun. Es gibt verschiedene Adressen, da er ja viel unterwegs ist in dieser Zeit. Einige sind: 2167 Himmelpforten, 8702 Himmelstadt und 3201 Himmelsthür. Das Christkind selbst ist gewöhnlich unter dem Postfach 201 in 4178 Kevelaer 1 zu erreichen. Da beide ja sehr beschäftigt sind zu Weihnachten, empfiehlt es sich, einen bereits mit 0,60 DM frankierten und an sich selbst adressierten Briefumschlag beizulegen. Und kommt der Adressat vielleicht auch nicht selbst zum Beantworten des Briefes, so schickt er bestimmt den Umschlag mit der abgestempelten Marke zurück, auf dem dann ja sein Aufenthaltsort steht. Das ist das Zeichen, daß er von den Wünschen jetzt weiß. Ob er sie auch erfüllen kann? Vielleicht wissen die Eltern dazu einen Rat.

Eines ist jedoch sicher: Wer ohne Maß und Ziel seinen Wunschzettel zusammenstellt, der wird bestimmt enttäuscht werden. Als Zeichen seiner Bescheidenheit und Vorfreude gilt der Wunschzettel des Jungen oder des Mädchens, der mit Liebe und Phantasie geschrieben wurde. Dazu gehört auch ein wenig Ausschmückung, etwa so:

Der Christbaumschmuck

Im Mittelpunkt der gesamten Weihnachtszeit steht heute wie früher unangefochten der Christbaum. Ohne ihn ist das Fest eigentlich nicht mehr denkbar, und es gibt kaum eine Familie, die den ruhigen Glanz seiner Lichter am Heiligen Abend missen möchte. Seit Jahrhunderten wird dieser Brauch gepflegt – schon die heidnischen Germanen holten sich das hoffnungsgebende Grün im Winter in ihre Häuser. In unserem Sinne als Christbaum entstanden ist das Weihnachtssymbol wohl erst um 1600. Eine Handschrift aus dem Jahre 1605 legt folgendes Zeugnis ab: „Auf Weihnachten richtet man Tannenbäume zu Straßburg in den Stuben auf, daran hängt man Rosen aus vielfarbigem Papier geschnitten, Äpfel, Oblaten, Rauschgold, Zucker . . .“

Gewiß ein Christbaum, geschmückt nach dieser Beschreibung, erhält seinen ganz eigenen Stil. Und nur darauf kommt es eigentlich an, denn wenig Freude bereiten solche Bäume, die überladen sind mit Dekorationen, die nicht zueinander passen. Sicher werden Sie – schon aus einer gewissen Familientradition heraus – Ihrem Christbaum eine eigene charakteristische Note geben. Entweder Sie zieren ihn nur mit Kerzen, Kugeln und Lametta oder verwenden ausschließlich Lichter und Strohsterne. Auch die Farben müssen mit Bedacht gewählt werden – zum Beispiel rote Kugeln, rotes Lametta und rote Kerzen; silbernen Schmuck ergänzen weiße Kerzen besonders gut. Und: Wie paßt der Baum zu der übrigen Wohnungseinrichtung? Sollte man eher einen strengen Stil wählen (Lametta hängt ganz sauber geordnet an den Zweigen) oder einen unkomplizierten, fröhlichen (Lametta wird in den Baum „hineingeworfen“)?

Diese Gedanken sollten Sie sich rechtzeitig vor dem Fest machen, denn je nach Schmuckabsichten kaufen Sie ja den Baum. Da gibt es schlanke, dünnastige Exemplare, gedrungene mit dichtem Astwerk, weit ausladende und eher schmale. Vergewissern Sie sich, daß der Baum nicht zu groß ist für Ihre Wohnung – es bringt keinen Spaß, wenn er die Bewegungsfreiheit allzu sehr einengt.

Ebenfalls die Qualität spielt eine große Rolle. Besonders, wenn der Christbaum noch über Silvester hinaus im Hause bleiben soll, darf er nicht übermäßig nadeln. Dem Austrocknen des Baumes können Sie etwas vorbeugen, indem Sie einen Ständer verwenden, der sich in einer Schüssel befindet. Wenn Sie diese stets mit Wasser gefüllt halten, haben Sie länger etwas von dem grünen Schmuckstück.

Informieren Sie sich rechtzeitig darüber, was noch auf dem Boden oder im Keller an alten Utensilien vorhanden ist, und was nachgekauft werden muß. Erfahrungsgemäß besteht kurz vor dem Fest in den Geschäften nicht mehr die größte Auswahl. Halten Sie zum Beispiel eine genügende Menge von Kerzen bereit, von passenden Kerzenhaltern (von denen bestimmt wieder einige zerbrechen), Wunderkerzen, Glaskugeln, Lametta, Engelshaar, Glitzerwolle und Süßigkeiten, die aufgehängt werden sollen. Vielleicht soll auch die Baumspitze besonders verziert werden. Alternativen zum stilisierten Eiszapfen aus Glas sind große, goldene Sterne aus Glanzfolie oder Stroh oder aber ein Wachsengel.

Für diejenigen, die noch Zeit haben, Christbaumschmuck selbst zu basteln, halten wir im Folgenden einige Vorschläge bereit. Übrigens: Solche Kleinigkeiten eignen sich vorzüglich als nette Aufmerksamkeit für Freunde, Nachbarn und Verwandte. Auch heute (oder gerade heute?) gilt die selbstgemachte Gabe oft viel mehr als das teuerste Geschenk. Und es ist schön, wenn man beim Überreichen sagen kann: „Das habe ich selbst gemacht!“

Sterne zum Selbermachen

Gerade das Alte kommt in diesen Jahren wieder zu Ehren. Nostalgie nennt man den Wunsch, sich auf Traditionen zu besinnen, Ehemaliges wieder aus verstaubten Ecken hervorzuholen und in neuem Glanz erstrahlen zu lassen. So ist es auch mit dem Christbaumschmuck. Glaskugeln etwa und Wunderkerzen sind noch gar nicht so alt; unsere Großeltern und deren Vorfahren benutzten hingegen viel schlichteren Ausputz. Sterne, groß und klein, in allen Formen, aus Stroh und Papier gehörten ganz besonders zum Zierrat, der in Heimarbeit hergestellt wurde. Versuchen Sie es auch einmal.

Strohsterne – Erinnerung an Kindertage

Für die Herstellung von Strohsternen ist Ihrer Phantasie keine Grenze gesetzt. Stets jedoch brauchen sie dasselbe

Material:
Reichlich Strohhalme in verschiedenen Farben und Stärken, eine Schüssel mit lauwarmem Wasser, eine Schere, Bügeleisen und Bügelbrett, Nähgarn oder -seide.

Anleitung:
Das Basteln von Strohsternen bedarf einiger Vorbereitung. Legen Sie die Strohhalme, die Sie an einem Tag verarbeiten wollen, nach Größe gebündelt etwa zwei Stunden in warmes Wasser und lassen Sie sie weichen. Mit der geschlossenen Scherenspitze oder einer Stricknadel spalten Sie dann die Halme der Länge nach auf. Noch etwas feucht werden sie glattgebügelt. Durch das Bügeln mit unterschiedlicher Temperatur erreichen Sie auf Wunsch leichte Farbnuancierungen.

Je nach Motiv können Sie flache oder aber runde Halme, auch kombiniert, verwenden. Das Grundelement besteht stets aus zwei gekreuzten Halmen, bei denen das Garn so geführt wird: über den oberen Halm, unter dem unteren Halm, über den oberen und so weiter. Sollte die Nähseide zu glatt zum Knoten sein, so hilft ein Tropfen Klebstoff. Haben Sie das an zwei oder drei Sternen geübt, so können Sie darangehen, ein Grundelement aus vier Halmen zu binden – nach dem glei-

chen Verfahren. Sterne mit noch mehr Zakken werden am einfachsten dadurch geformt, indem man verschieden große Sternelemente übereinanderbindet. Besonders die Kombination von runden und glatten, feinen und dicken Halmen ergibt schöne Variationen.

Mit einfachsten Mitteln läßt sich erreichen, daß Sterne gleicher Bauart doch verschieden aussehen. Sie schneiden die Zacken einfach unterschiedlich ein: schräg, rund, spitz. Etwa so:

Eine ausgefallene Abwandlung des Sternmotivs bildet der Sternenkranz. Hierfür stellen Sie zunächst aus relativ langen, runden Halmen einen 8-, 12- oder 16-strahligen Stern her. An eine symmetrische Auswahl dieser Zacken binden Sie kleinere Sterne, am besten aus flachen Halmen gebastelt. Kleben Sie sie entweder am großen Zacken fest oder stecken Sie den Zacken des kleinen Sterns in die Öffnung des großen.

Wenn Sie nun schon ein bißchen in Übung sind, experimentieren Sie ruhig mit dem Material. Sie werden sehen: Stroh bricht gar nicht so leicht. Ziehen Sie einen flachgebügelten Halm über die offene Schere, indem Sie auf

die Klinge mit dem gezogenen Halm etwas Druck ausüben – der Halm wird sich runden und in dieser Stellung verharren. Je dünner der Halm geschnitten wurde desto anmutiger wird der Bogen erscheinen. Mit diesen Werkstücken können Sie die üblichen Strohsterne weiter verzieren, ja, richtige Filigranarbeiten herstellen. Auch eignen sich die runden Halme vorzüglich zum „Schmieden" von Ketten – allerdings mit schnelltrocknendem Klebstoff anstelle von Hitze. Je nach Lust und Laune können die Ketten so lang werden, daß der Christbaum später ganz umwunden wird.

Farbenfrohe Sterne aus bunter Folie

Alles, was Sie zum Herstellen dieser originellen Schmuckstücke benötigen, ist ausreichend Metallfolie – zum Beispiel doppelseitige Goldfolie, aber auch blaue und rote – sowie eine Schere.

Für die erste Variante schneiden Sie vier Streifen (30 x 1 cm). Knicken Sie diese in der Mitte um und verflechten Sie sie gemäß Bild 1. Dann legen Sie von der rechten Seite den obenliegenden Streifen nach links (Bild 2). Knicken Sie jetzt den oberen der unteren beiden Streifen hoch (Bild 3) und den oberen Streifen der linken beiden nach rechts (Bild 4). Daraufhin führen Sie den oberen Streifen des rechten oberen Streifenpaares nach unten durch die links unten entstandene Schlaufe (Bild 5). Das so entstandene Kreuz ähnelt der Ausgangsposition, ist jedoch stabiler. Nun knicken Sie jeweils eines der vier Streifenpaare schräg nach hinten ab, so daß sie parallel zum angrenzenden Paar liegen (Bild 6). Dieselben Streifen jetzt schräg nach vorn knicken (Bild 7). Diesen Doppelstrang, der an seiner Spitze einen 90 Grad-Winkel aufweist, in der Mitte der Länge nach falten (Bild 8). Dann ziehen Sie den oberen Streifen desselben Doppelstranges durch die linke obere Schlaufe des quadratischen Mittelteils (Bild 9). Den Gesamtvorgang, wie er in den Bildern 7 bis 9 gezeigt wird, wiederholen Sie entsprechend mit den anderen drei Streifen. Sie erhalten eine Form wie in Bild 10. Jetzt drehen Sie den Stern um und wiederholen die Handgriffe der Stationen 6 bis 9. Das fertige Werk sollte so wie in Bild 11 aussehen. Soll der Stern flach sein, so schneiden Sie jetzt einfach die Enden schräg ab, entsprechend den fehlenden Zakken. Sollten Sie verschiedenfarbige Metallfolie für die vier Streifen verwendet haben, so sehen Sie jetzt, zu welcher Farbenpracht sich die Einzelteile verwoben haben.

Die zweite Variante baut auf der ersten auf. Jetzt soll jedoch ein plastischer Stern entstehen, das heißt, aus dem flachen Gebilde wird ein kugelförmiges. Bis zu Bild 11 wiederholen Sie den Bastelvorgang der ersten Variante. Nehmen Sie jetzt einen der obenliegenden Streifen hoch, drehen ihn zu einer Schleife und stecken ihn durch die danebenliegende Schlaufe (Bild 12); er kommt dann aus einem der Zacken heraus. Bild 13 veranschaulicht den Vorgang noch einmal im fertigen Stadium. Bild 14 zeigt den Stern, nachdem Sie den Vorgang 12 und 13 auch mit den anderen Streifen wiederholt haben. Die ganzen Handgriffe 12 bis 14 führen Sie noch einmal an dem umgedrehten Stern durch. Sicherlich stehen jetzt noch Streifenenden ab. Schneiden Sie sie fort – und schon ist das Folienjuwel fertig!

der, mit den spitzen Winkeln nach außen. Klappen Sie jeweils eins der mittleren Dreiecke wieder zurück und kleben es auf das eingeklappte Dreieck des danebenliegenden Drachens (Bild 3). Den so entstandenen vierstrahligen Stern können Sie zu einem noch plastischeren Gebilde formen, indem Sie einen zweiten dagegenkleben.

Einen achtstrahligen Stern von Bethlehem erhalten Sie, wenn Sie acht Drachen falten, die Sie dann wie in Bild 4 zusammenfügen. Durch die Verwendung verschiedenfarbiger Folie entsteht auch hier wieder ein kontrastreiches Ganzes.

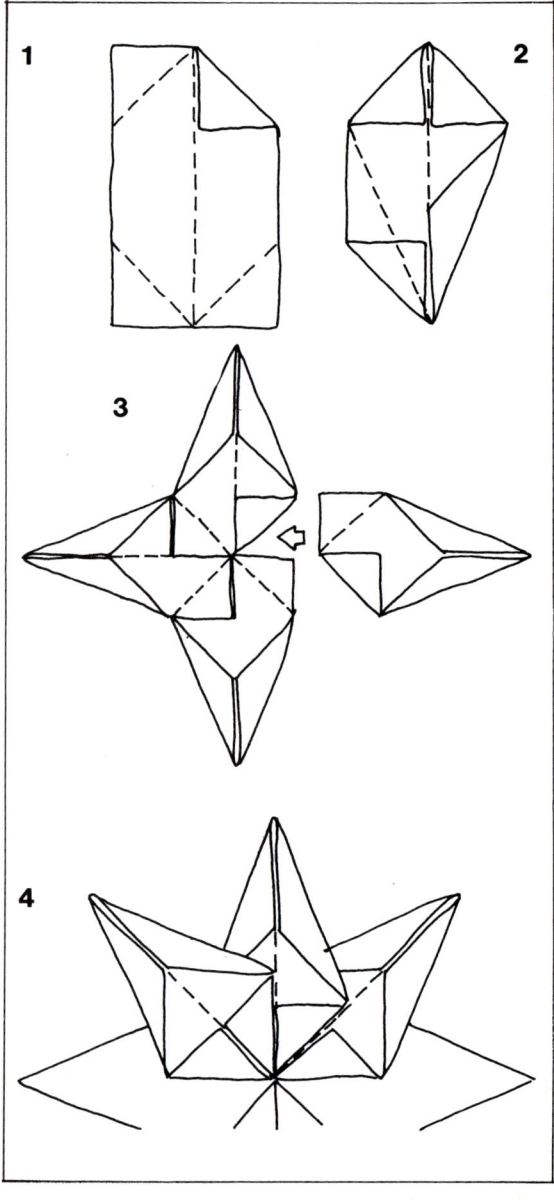

Stern von Bethlehem

Diese schlichte, jedoch eindrucksvolle Sternvariante erhalten Sie, wenn Sie vier Rechtecke (6 x 4 cm) zuschneiden. Knicken Sie sie jeweils der Länge nach in der Mitte und falten Sie die Ecken so, daß sie an diese Knicklinie stoßen (Bild 1). Falten Sie dann das Werkstück zu einer Drachenform (Bild 2). Legen Sie jetzt die vier Teile sternförmig aneinan-

Stachelstern

Dieses besonders farbenprächtige und lustige Exemplar gleicht einem Seeigel. Sie benötigen acht Scheiben aus möglichst verschiedenfarbiger Metallfolie, jeweils etwa 10 cm im Durchmesser. Sollten Sie keinen Zirkel zur Hand haben, verwenden Sie als Schablone eine Untertasse oder dickbauchige Flasche. Die Scheiben einschneiden, so daß acht gleich große „Tortenstücke" entstehen (es geht genauer, wenn man die Scheiben vorher viermal jeweils in der Mitte knickt). In der Mitte der Scheibe eine unversehrte Scheibe von ca. 3 cm Durchmesser lassen (Bild 1). Rollen Sie dann die Tortenstücke mit Hilfe eines Kugelschreibers zu kleinen Tütchen. Daraufhin ziehen Sie die acht fertiggebastelten Scheiben auf ein Stück Nähgarn, jeweils vier nach oben und unten geöffnet. Verkleben Sie die Teile mit einem Tropfen Klebstoff am Faden (Bild 2). Beim Zusammenschieben der Teile entlang des Garns bildet sich der Stachelstern fast von selbst.

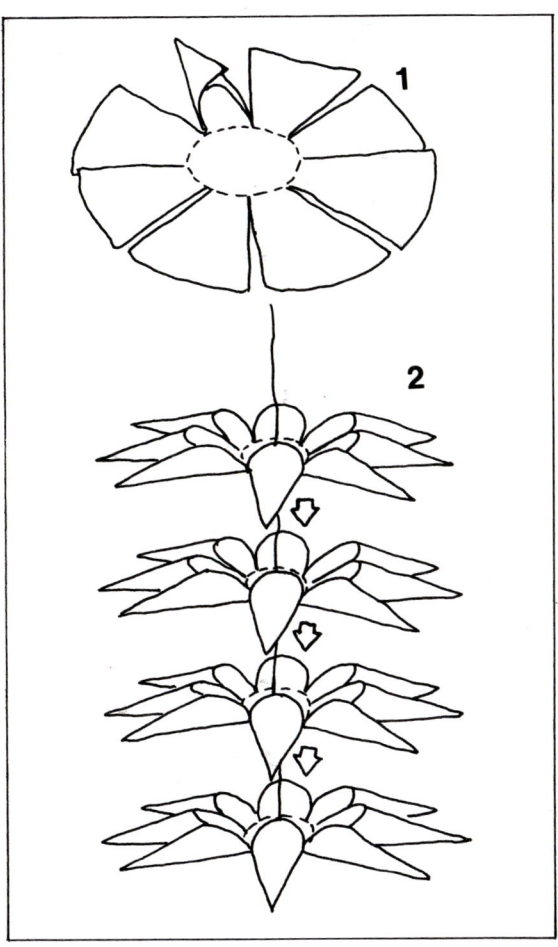

Schnabelstern

An das kindliche Himmel- und Hölle-Spiel erinnert der Bastelvorgang zu diesem eigenwilligen Exemplar. Es werden sechs gleich große Quadrate benötigt, etwa 10 x 10 cm. Diese werden nacheinander so gefaltet, daß die Ecken des Quadrats sich in der Mitte treffen – Knicke entlang der Diagonalen erleichtern die präzise Arbeit (Bild 1). Das so entstandene kleinere Quadrat umdrehen und Faltvorgang wiederholen (Bild 2). Zwei weitere Hilfsknicke werden dadurch sichtbar, indem man die Quadrate zweimal in der Mitte wie ein Buch faltet. Nun drehen Sie das Werkstück um und falten die Spitzen nach unten, wobei sich die obenliegenden Spitzen öffnen (Bild 3). Man erhält vier Schnäbel (Bild 4). Den gleichen Arbeitsvorgang wiederholen Sie nun mit den restlichen fünf Quadraten. Den 14zackigen Schnabelstern erhalten Sie, indem Sie jeweils zwei aneinandergrenzende innere Schnabelseiten jeden Teils mit denen von anderen zusammenkleben. (Und da Weihnachten ist, gibt es ausnahmsweise nur „Himmel"!)

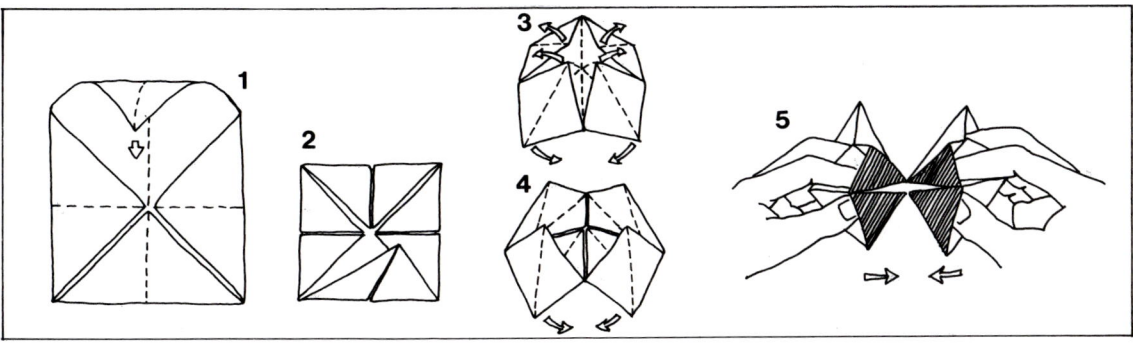

Weihnachtskrippen und Weihnachtspyramide

Die Weihnachtskrippe

Jene Krippe, in die vor rund 2000 Jahren die Jungfrau Maria ihren Sohn legte – so wie es das Neue Testament verkündet –, hat später die Christen angeregt, die kleinen oder großen Kunstwerke zu schaffen, die unter dem Namen Weihnachtskrippen bekannt sind. Urkundlich bezeugt wurde die erste dieser Krippen im 13. Jahrhundert. Berühmte Meister des Mittelalters verewigten sie kurz darauf in ihren Schnitzaltären. In die Familien unseres Landes hielt der Brauch, eine Weihnachtskrippe selber zu basteln, dann um das Jahr 1700 Einzug. Seither hat es Zeiten gegeben, in denen beinahe in jedem Haus eine Weihnachtskrippe zu finden war, dann wieder Epochen, in denen der Brauch in weiten Kreisen in Vergessenheit zu geraten schien. Doch immer wieder lebt er neu auf, wenn sich Familien zusammensetzen, um gemeinsam eine bildhafte, räumliche Darstellung der Geburt Christi zu erschaffen.

Im Laufe der Jahrhunderte entwickelten sich traditionelle Personen- oder auch Figurengruppen, die zu einer richtigen Weihnachtskrippe unbedingt dazugehörten. Den Mittelpunkt bildete von Anfang an die Krippe mit dem Christuskind, als Zentrum eines Stalles oder einer Höhle angelegt. Da sein kleiner Körper unter all dem Beiwerk verschwunden wäre, hob man ihn gewöhnlich durch helle Kleidung, einen Heiligenschein oder aber einen Stern hervor. An der Seite der Krippe kniete die Mutter. Diese Demutshaltung der Jungfrau Maria wurde seit jeher bei allen volkstümlichen Krippen beibehalten. Als bevorzugtes Gewand dient ein – meistens blaues – Umschlagtuch oder ein gleichfalls blauer Umhängemantel. Joseph, meist als Mann mit einem langen, grauen Bart dargestellt, ist demgegenüber unauffällig gekleidet: Er trägt einen weiten grauen oder dunkelfarbigen Mantel, in der Hand hält er sehr oft einen langen Wanderstab.

Traditionsgemäß spielen die tierischen Bewohner des Stalles zu Bethlehem eine große Rolle. In unserem Lande findet man in fast allen Fällen Esel und Ochsen, zum Teil auch Schafe dargestellt. Sie bilden gleichsam den Hintergrund für das Wunder der Geburt, symbolisieren die Freude auch unter den Tieren über das himmlische Ereignis. Eine zweite wichtige Figurengruppe ist die Hirtenschar. Sie, die nach dem Evangelium „eilend herbeikamen, um das Wunder zu schauen", werden häufig als anbetende Gruppe dargestellt. Männer in Pelzen oder Mänteln mit langen Hirtenstäben, häufig eine Proviantumhängetasche an der Seite, die ehrfurchtsvoll niederknien. Allerdings existiert als Variante, daß die Hirtengruppe sich über die Felder voller Staunen dem Stall nähert, geleitet von einem Engel.

Die dritte Gruppe – bei vielen Krippen allerdings am Heiligabend noch nicht zu sehen, oder erst aus der Ferne heranziehend – bilden die Drei Weisen aus dem Morgenland. Bei ihnen konnte sich die Phantasie der bekannten oder unbekannten Künstler ausleben. Der schwarze König wird meistens in exotischer, farbenprächtiger Kleidung gezeigt, nicht minder kostbar gekleidet sind seine beiden Gefährten. Hinter ihnen reiht sich das ebenso fremdartig anzuschauende Gefolge, vollgepackt mit Geschenken. Zwischen den Dienern kann man die Tiere Afrikas und Asiens sehen – Kamele, Dromedare, Elefanten.

So festgelegt die menschlichen und tierischen Figuren in Form oder Gestalt auch sind, bei den Materialien, aus denen die Krippen und ihre Bewohner gebastelt werden, gibt es keine Schranken. Es eignet sich beinahe alles, wenn man es mit ein wenig Geschick einsetzt – alte Korken oder Paketknebel, die hervorragende Figuren abgeben, Drahtreste oder auch Knetmasse.

Als Rohmaterial für den Stall oder die Höhle kann ein Schuhkarton dienen. Zurechtge-

schnitten und angemalt sieht so ein Kasten „naturgetreu" aus. Wer etwas mehr Geschick besitzt, wird seinen Stall aus Sperrholz bauen oder ihn gar aus kleinen Holzstücken zusammensetzen. Das gleiche gilt für die Krippe und die Stände für Ochs und Esel.

Die Figuren lassen sich vorzüglich aus Knetmasse herstellen. Für das Drahtgerippe eignet sich einfacher Blumendraht. Aus ihm biegt man Mensch oder Tier; eventuell umwickelt man das Gerüst noch mit etwas Zeitungspapier. Dann verdeckt man das Gestell mit der Knetmasse und formt die Figuren. Nach dem Trocknen lassen sich die Gestalten mit Plakafarbe bemalen. Doch auch mit Karton verstärktes Papier, auf das man die Figuren aufmalt und ausschneidet, eignen sich als Rohmaterial, ebenso wie Paketknebel oder selbst Kombinationen aus Streichhölzern und Papier oder auch bemalte Steine. Wer gut mit dem Schnitzmesser umgehen kann, wird natürlich seine Figuren aus Holz schnitzen und sie dann anmalen. Generell gilt, daß kein Material zu fremd ist, um daraus nicht doch etwas formen zu können. Auf die Phantasie kommt es vor allem an. Um das zu verdeutlichen, folgt jetzt die genaue Anleitung zum Bau einer Krippe aus Stroh.

Material:
5 Päckchen Strohhalme (je 50 Stück), 1 Karte brauner Zwirn, Filzreste in Rot, Blau und Grün. Für die Krippe Balsa- oder dünnes Sperrholz. Für den Stall Bastelholz.

Bauanleitung:
Legen Sie die Strohhalme ca. 12 Stunden in warmes Wasser und bewahren Sie die weichen Halme, die Sie zur Verarbeitung brauchen, in einem feuchten Tuch auf. Stellt man eine Figur nicht in einem Arbeitstag fertig, diese ebenfalls bis zur Weiterverarbeitung in einem feuchten Tuch aufbewahren. 16 ganze Strohhalme werden 1 cm vom Rand entfernt stramm abgebunden, den Knoten dreimal sichern. Nach dem Trocknen lockert sich alles wieder etwas, danach jeden Halm einzeln über den Faden hinweg nach unten biegen und das so entstandene Kopfende abbinden. Danach die Halme noch einmal über das zusammengebundene Kopfende biegen und darunter wieder zusammenbinden. Nun haben Sie die endgültige, gut gebundene Kopfform fertiggestellt. Für die Arme 8 Strohhalme von 2/3 Länge des ganzen Halmes durch das obere Körperteil schieben und darunter die Taille abbinden. Die Arme am Handge-

lenk durch Abbinden sichern. Jetzt die Strohhalme unterhalb der Taille in zwei Beine teilen und am Knie abbinden. Arme und Beine in die gewünschte Form bringen und die Form mit einer Wäscheklammer halten bis die Halme trocken sind. Für Figuren, die Kleider erhalten sollen, kann man in die Abbindung der Taille noch einmal eine entsprechende Anzahl Halme mit einarbeiten, damit der Rock schön voll ist und gut steht. Nun wird der Rockteil unten gleichmäßig gerade geschnitten und zum Trocknen mit einem Gummiband zusammengehalten. Damit sich die trockenen Halme nicht spreizen, wird der Rock ca. 1 1/2 cm vom unteren Rand entfernt mit braunem Zwirn abgenäht oder mit einem geflochtenen Zopf als Halt verziert. Sie können die Figuren noch zusätzlich verschönern, indem Sie um die Taille eine Filzschärpe wickeln, um den Kopf einen Turban binden, die Arme noch einmal mit Stroh umwickeln oder einen Umhang schneidern. Die Figuren lassen sich beliebig mit Stroh dekorieren, dabei Strohenden unter die letzte Umdrehung schieben. Bei den zweibeinigen männlichen Figuren biegt man die Füße ab und versieht sie zum Beispiel mit Stiefeln, zum Beispiel aus

Strohhalmen. Das Kind in der Krippe entsteht aus ca. 7 Strohhalmen, die von der Mitte aus nach hinten weggeknickt werden, also unter dem Rücken liegen, und mit einem schmalen blauen Filzstreifen kreuzweise wie ein Steckkissen über Vorder- und Rückenteil zusammengeschnürt werden. Für die Körper des Pferdes werden 16 Halme verwendet, die in Form gebunden werden müssen. Für jedes Beinpaar 7 Halme und ein Stück eingeflochtenen Blumendraht verwenden. Die Beinpaare werden vorn und hinten durch den Körper geschoben und unten abgebunden. Ohren, Mähne und Schwanz des Pferdes werden zusätzlich eingearbeitet. Die Krippe aus Balsaoder Sperrholz aussägen und zusammenkleben. Mit „Heu" füllen. Der Stall wird aus Bastelholz zusammengesetzt, das Dach mit Strohhalmen beklebt. Der Körper des Hundes benötigt ca. 7 Strohhalme und wird wie die übrigen Figuren begonnen. Das Kopfteil aber nur einmal abknicken, Kopf und Hals biegen, Körperhalme dreimal mit Stroh umwickeln, und zwar einmal unterhalb des Kopfteils, zwischen den Beinen und am Schwanzteil. Nun die Beinpaare durchschieben, umwickeln und das Schwänzchen einarbeiten.

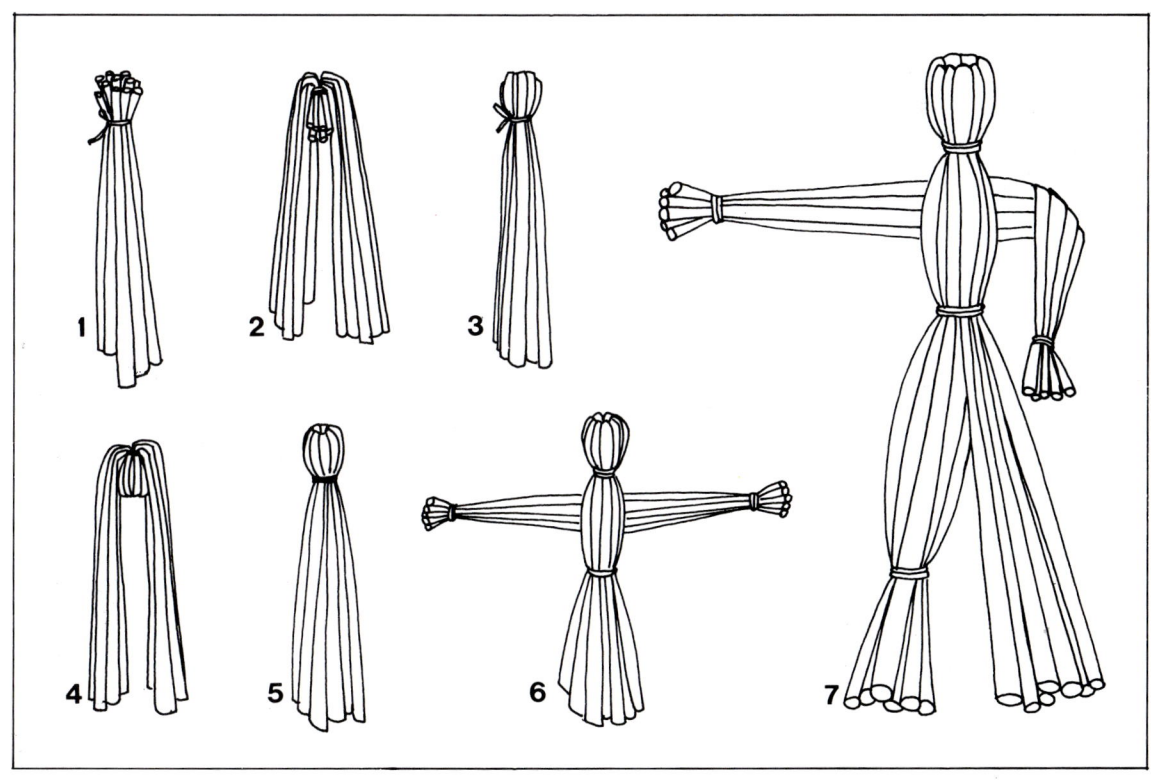

Andere weihnachtliche Landschaften

Wer nicht das religiöse Ereignis als Vorlage wählen will, kann jede erdenkliche Figurenkombination mit weihnachtlichem oder winterlichem Charakter zusammenstellen. So bilden zum Beispiel Schlittschuhläufer auf einem Teich eine wirkungsvolle Gruppe. Man nimmt dazu eine Spiegelscherbe und deckt sie hauchdünn mit einer Sprayschicht ab. Die Ränder werden mit Tannenzweigen, Moos oder einer Schicht dürrer, kleiner Äste abgedeckt. Hinter dieser Abdeckung verbirgt man eine Reihe von Taschenlampenbirnen, die an eine Batterie angeschlossen sind. Auf das Spiegeleis stellt man dann die Figuren der Schlittschuhläufer, wobei es dem Geschick des einzelnen überlassen bleibt, sich des für die eigenen Talente besten Materials zu bedienen. Wenn man am Abend die Eislaufszene beleuchtet, ergibt sich ein überraschend naturgetreuer, winterlicher Effekt.

Weihnachtspyramiden

Nicht unmittelbar mit den Weihnachtskrippen verwandt, aber in ihrer festlichen Wirkung dennoch vergleichbar sind die aus dem Erzgebirge stammenden Weihnachtspyramiden. Auf einem viereckigen Brett befestigt man in jeder Ecke einen gleich langen Stab. Die Enden der Stäbe werden dann zusammengebunden. Das ergibt eine Pyramide über dem Grundriß des Brettes. Sie muß feststehen. Um das zu erreichen, werden in gleich großem Abstand diese vier längsgerichteten Stäbe durch querliegende Streben miteinander verbunden. Die querliegenden Stäbe, etwa in drei Reihen angebracht, stehen an den Enden über, das heißt, sie ragen über ihren Befestigungspunkt an den senkrechten Stäben hinaus: die oberste Querreihe wenig, die darunter liegende mehr, die unterste am meisten. Auf diesen Enden befestigt man dann Lichter. Diese im Grunde einfache Lichtpyramide läßt sich natürlich noch ausschmücken – bemalen, verzieren, mit Schnitzereien versehen.

Das Lebkuchenhaus

Das Lebkuchen- oder auch Knusperhäuschen genannte Weihnachtsbauwerk läßt die Architektenträume aus der Jugendzeit wieder zum Leben erwachen. An einem einzigen Winterabend kann selbst der Laie sein Häuschen „schlüsselfertig" herrichten – und wenn gewünscht auch wieder abreißen. Dabei sind der Phantasie praktisch keine Grenzen gesetzt: Baugenehmigungen werden nicht benötigt, die Preissteigerungen halten sich in Maßen und Schwarzarbeit ist erlaubt. Die folgenden Bauanleitungen sind nur Beispiele, die beliebig variiert und den eigenen Vorstellungen oder Materialien angepaßt werden können.

Das Original-Lebkuchenhaus oder auch die Villa zur süßen Mandel

Zutaten zum Teig:
500 Gramm Honig, 250 Gramm Zucker, 250 Gramm Pflanzenfett, 50 Gramm Kakao, 10 Gramm gemahlener Zimt, 10 Gramm gemahlener Kardamom, 5 Gramm gemahlene Nelken, 1 Kilogramm Mehl, 2 Eier, 10 Gramm Pottasche und 2 Eßlöffel Rosenwasser (aus der Apotheke).

Für den Zuckerguß:
3 Eiweiß, ca. 750 Gramm Puderzucker.

Für die Garnitur:
rote Gelantine (für die Fenster), Borkenschokolade (für Dachfirst und Zaun), Mandelhälften, braune Bonbons, rote, weiße und grüne Lakritzstäbchen, Schokoladenplätzchen, kleine Sternchen aus Lebkuchen und Mürbeteig, Herzen und Mutzenmandelformen aus Mürbeteig, Glöckchen aus Lebkuchenteig,

kandierte Mimosen (für die Glöckchen), silberne Salmiakpastillen, Gelee-Zitronenhalbmonde (für den Zaun), (die Mürbeteigplätzchen können gelegentlich aus einem Teigrest gebacken werden).

Zubereitung:
Honig und Zucker mit dem Pflanzenfett bei milder Hitze erwärmen und kochen lassen, bis sich der Zucker gelöst hat, dann den Kakao und die Gewürze dazugeben und die Masse abkühlen lassen. Das Mehl in eine Schüssel geben, die abgekühlte Honigmasse, die Eier und die mit Rosenwasser angerührte Pottasche dazugeben und alles zu einem glatten Teig verkneten. Den Teig in Alufolie packen und für 1 bis 2 Tage in den Kühlschrank legen. Den gekühlten Teig noch einmal kurz durchkneten, dann 1/2 cm dick ausrollen. Die Hausteile nach der folgenden Vorlage ausschneiden, ebenso eine ca. 22 x 33 cm große Platte als Untergrund für das Haus.

Den restlichen Teig messerrückendick ausrollen und die Garnituren (Sternchen und Glöckchen, Katze und Hexe) ausstechen bzw. ausschneiden. Die Einzelteile auf ein gefettetes Backblech legen und im vorgeheizten Ofen bei 200 Grad (Gas: Stufe 3) etwa 15 Minuten backen (die dünnen Teile brauchen nur 10 Minuten Backzeit). Die gebackenen Teile noch warm vom Blech nehmen und auf einem Kuchengitter völlig auskühlen lassen. Für den Zuckerguß (zum Zusammenkleben

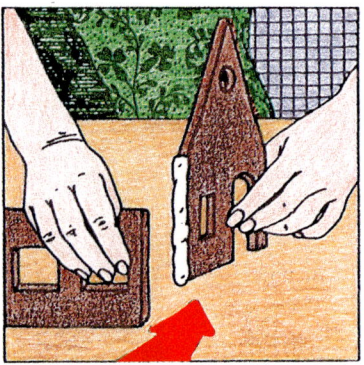

1 *Zuerst die Fenster von innen mit Stücken von roter Blattgelatine bekleben. Eine Kante der Vorderwand (siehe Zeichnung) mit Zuckerguß bestreichen und die Seitenwand des Hauses nach vorn bündig ankleben.*

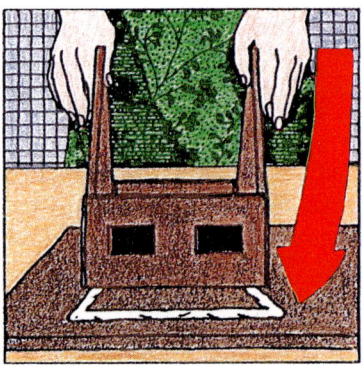

2 *Die anderen Kanten mit Zuckerguß bestreichen, die Rückseite und die zweite Seitenwand ankleben. Haus trocknen lassen, dann mit viel Zuckerguß auf die Bodenplatte kleben.*

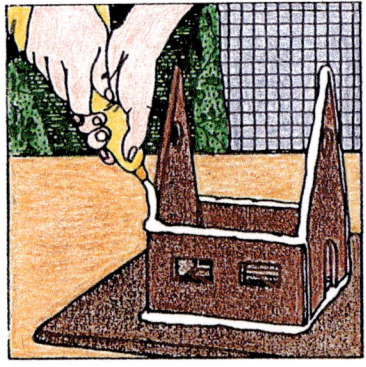

3 *Bevor Sie am Haus weiterbauen, sollte die Konstruktion über Nacht ganz trocken werden. Am nächsten Tag wieder Zuckerguß in den Spritzbeutel füllen und an einer Hausseite die Dachkanten bespritzen.*

4 *Die erste Dachhälfte ansetzen und so lange festhalten, bis sie ganz sicher klebt und nicht mehr rutscht.*

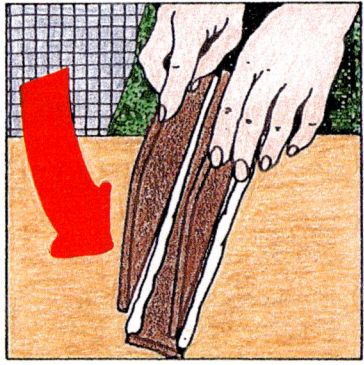

5 *Wenn auch die zweite Dachhälfte festgeklebt ist, fehlt nur noch der Schornstein. Das lange gerade Stück an den Längsseiten mit Zuckerguß bespritzen, die beiden Seitenteile (siehe Zeichnung) festkleben.*

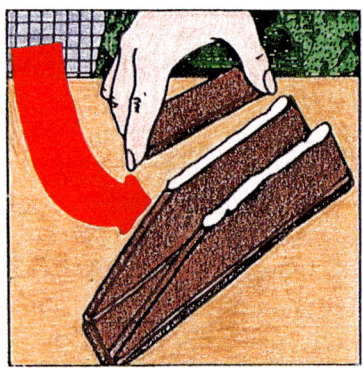

6 *Den Schornstein wieder kurze Zeit trocknen lassen, dann das letzte (kurze) Teil mit Zuckerguß ankleben.*

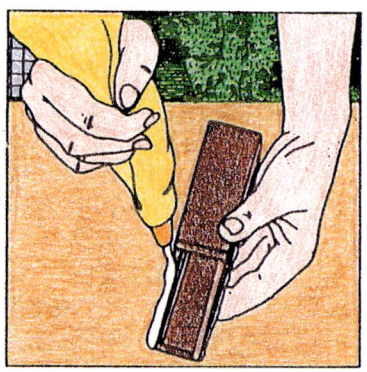

7 *Zum Schluß die Kanten am schrägen Teil des Schornsteins mit Zuckerguß bestreichen und den Schornstein auf das Knusperhausdach kleben.*

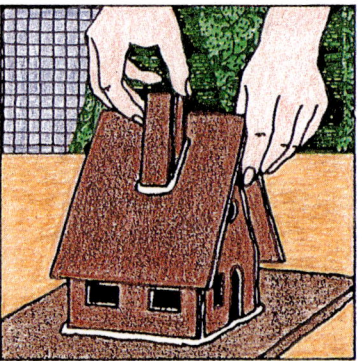

8 *Wenn der Schornstein sitzt, die Zwischenräume am Haus mit Zuckerguß und Borkenschokolade (am Dachfirst) verschließen. Auch Figuren und Verzierungen werden mit Zuckerguß festgeklebt.*

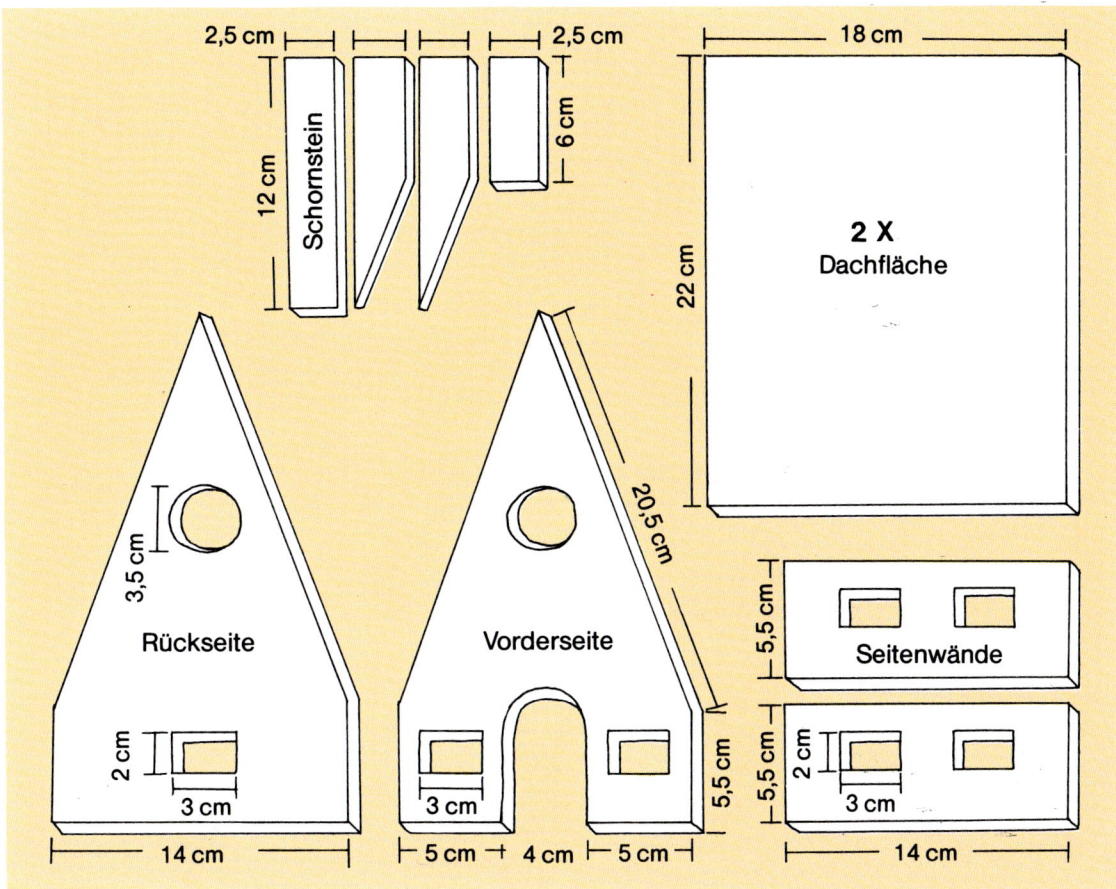

und Verzieren) die Eiweiße mit den Quirlen des Handrührers steif schlagen, dann den Puderzucker darunterschlagen. Einen Teil davon in einen Spritzbeutel mit mittlerer Lochtülle füllen, den Rest in einem ganz dicht verschlossenen Gefäß aufbewahren, da der Guß sehr schnell trocknet. Die Einzelteile dann entsprechend dem Bauplan zusammensetzen.

Das süße Knusperhäuschen

Wer den rustikal ländlichen Stil bevorzugt, kann sich sein Knusperhäuschen nach folgendem Rezept und Bauplan zusammenbasteln. Zuerst benötigt man Pappschablonen, die zum Ausschneiden des gebackenen Teigs dienen. Nachher werden die Kuchenteile auf dieses Pappgerüst aufgeklebt.

Schneiden Sie die Pappschablonen in Originalgröße zu, das heißt, Sie zeichnen die einzelnen Bauteile auf festen Karton auf und schneiden sie dann aus (das Prinzip ist das gleiche wie im ersten Rezept).

Zutaten für den Honigkuchen:

400 Gramm Honig, 200 Gramm Zucker, 100 Gramm Margarine, 4 Eier, 1 Kilogramm Mehl, 2 bis 3 Teelöffel Zimt, 2 Päckchen Backpulver, Margarine für das Blech.

Zubereitung:

Honig und Zucker in einem Topf auf der Kochplatte langsam erwärmen und zerlassen. Danach abkühlen. Margarine und Eier schaumig rühren. Abgekühlte Honigmasse zufügen, verrühren und 2/3 des Mehls mit Zimt und Backpulver unterrühren. Zum Schluß das restliche Mehl unterkneten. Den Teig in drei gleiche Teile teilen. Diese nacheinander auf einem gefetteten Backblech ausrollen und mit einer Gabel mehrmals einstechen. Einzeln im vorgeheizten Backofen bei 200 Grad (Gas

Stufe 3) 15 bis 20 Minuten auf mittlerer Schiene backen. Abkühlen lassen. Nacheinander die Pappschablonen auf den noch warmen Kuchen legen und mit einem spitzen Messer ausschneiden. Aus dem ersten Blech werden Vorder- und Rückenteil, ein Seitenteil und eine Tanne geschnitten, aus dem zweiten Blech die Dachteile und das zweite Seitenteil, aus dem dritten Blech die Tannen. Die Teigreste verwendet man dann, um Herzen, Sterne, Monde oder Tannenzapfen auszustechen. Jetzt den Zuckerguß vorbereiten, mit dem die Bauteile auf die entsprechenden Pappschablonen geklebt werden (Zutaten: 1 Eiweiß, 250 Gramm Puderzucker, 1 Eßlöffel Zitronensaft); Zubereitung: Eiweiß sehr steif schlagen, nach und nach Puderzucker zugeben, zum Schluß den Saft unter ständigem Rühren zufügen).

Zusammensetzen:

Zuerst die Fenster aus roter Blattgelantine (3 Blatt) in der Pappschablone von innen mit einem Klebestreifen festkleben. Die Pappschablonen mit Klebestreifen zusammenkleben und das Haus auf ein mit Pergamentpapier ausgelegtes Tablett stellen. Das Gerüst ist damit fertig. Die ausgeschnittenen Kuchenteile von links dünn mit dem vorbereiteten Guß bestreichen und zuerst Vorder- und Rückenteil, dann die Seitenteile und zuletzt die Dachplatten auf das Papphaus kleben. Gut andrücken, ca. 30 bis 60 Minuten trocknen lassen. Damit die Tannen stehen können,

kleben Sie an die Rückwand der Schablone einen dreieckigen Pappkeil. Nun kleben Sie die Teigtannen in der gleichen Weise wie beim Haus auf die Schablonen.

Verzierungen:

Guß wie beim Zusammensetzen zubereiten. Dann Liebesperlen, Schaumherzen, Smarties, Traubenzuckerherzen, Geleefrüchte, Fondant-Pralinen, Schokoladenplätzchen, Mokkabohnen, bunte Lakritzstäbchen, bunte Streusel verwenden. Mit dickem Zuckerguß Kleckse auf das Haus spritzen. Bunte Zutaten daraufdrücken. Der Guß läßt sich gut mit dicken oder dünnen Spritztüllen auftragen. Die Tannen dick mit Puderzuckerguß bestreichen und verzieren.

Das Fertighaus

Wer die Mühe des Backens scheut, kann sein Knusperhaus auch aus „Fertigteilen" zusammensetzen. Das geht schneller und ist für den Anfänger auch betriebssicherer.

Zutaten:

11 holländische Frühstückskuchen à 300 Gramm, 3 Pakete Puderzucker (für den dicken Zuckerguß), Lollies, Zuckerstangen, Plätzchen, Bonbons oder Kandis (zum Verzieren).

Bauanleitung:

Grundfläche für das Haus im Umfang von 30 x 30 cm aus Pappe ausschneiden (das Haus wird so lang und so breit wie ein Kuchen). Für die Seitenwände brauchen Sie je einen Kuchen. Schneiden Sie ihn der Länge nach durch, und legen Sie die Teile aneinander. Mit etwas Zuckerguß festkleben. Mit einem scharfen Messer Fenster ausschneiden und buntes Transparentpapier hinterkleben. Beide Seitenwände im Abstand von 21 cm auf die Pappe stellen. Für die Vorder- und Rückseite ebenfalls je einen Kuchen der Länge nach halbieren – auf der Vorderseite die Türe ausschneiden – und zwischen die Seitenwände stellen.

Für die Giebel basteln Sie eine Schablone: Schneiden Sie aus Papier ein Quadrat von 15 cm Seitenlänge aus, und falten Sie es diagonal. Dieses Dreieck legen Sie auf je zwei Kuchenhälften und schneiden danach die Giebel aus. Aus dem Giebel für die Vorderseite ein rundes Fenster ausstechen. Buntes Transparentpapier hinterkleben. Etwas Zuckerguß auf die Grundmauern der Vorder- und Rückseite des Hauses kleben. Das Dach bekommt mehr Halt, wenn Sie ein Stück Pappe darunterlegen. Sie muß 30 x 21 cm groß sein. In der Mitte knicken und über die Giebel legen. Auf die Pappe kleben Sie die halbierten Kuchen.

Eine Kuchenhälfte noch einmal halbieren und als Dachfirst schräg in die entstandene Kerbe legen. Aus den Kuchenresten stechen Sie mit einem runden Plätzchenausstecher drei oder vier Teile aus und kleben sie als Schornstein auf das Dach. Mit den Zuckerstangen wird dann ein Zaun gebaut. Giebel und Dach können Sie dann beliebig mit Plätzchen verzieren.

Auf den Dachfirst bunte Lollies setzen und mit Bonbons oder Kandis eine Umrandung legen. Zum Schluß das Dach mit Puderzucker bestäuben.

Weiße Weihnacht

Wird die Advents- und Weihnachtszeit auch gekennzeichnet durch festliche Veranstaltungen, durch Tannenbaum, geheimnisvolle Wohlgerüche aus der Küche und eifrige Vorbereitungen, so bietet sie doch reichlich Gelegenheit für erholsame Aktivitäten aller Art. Kurze Wanderungen am Sonntagnachmittag in eine Welt voller Zauber gehören dazu – wo Bäume und Sträucher bereits ihr Aussehen verändert haben, die Tiere Vorräte in letzter Minute beschaffen oder sich aufs Überwintern vorbereiten und wo Stadt und Land sich auf vielerlei Weise auf die kalte Jahreszeit umstellen. Wenn dann die ersten Schneeflocken fallen und die Gewässer immer tiefer zufrieren, dann sind Kinder – und manche Erwachsene – nicht mehr zu halten. Mit der Gewiß-

heit, in die warme, wohlige Wohnung zurückkehren zu können, untersuchen sie die weiße Pracht näher, tollen herum und freuen sich ihrer roten Nasen.

Freuden im Schnee

Unausweichlich in dieser Zeit ist es für die Kleinen, einen Schneemann zu bauen. Dann wachsen kleine weiße Klumpen zu fußballgroßen, unförmigen Gebilden, dann rollen die Kinder diese Kugeln weiter durch den Schnee – bis ein dicker Ballen entstanden ist. Ist der Superkloß kaum mehr zu bewegen, geht man schon gemeinsam daran, einen zweiten solchen Ball aufzurollen. Nur mit vereinter Anstrengung gelingt es, diesen auf den ersten zu heben, ihn dort zu balancieren und sicher zu befestigen. Jetzt fehlt noch der Kopf und die Arme – allesamt kleinere Schneekugeln, die schnell zustande gebracht sind.

So weit so gut – aber wer sorgt nun für die schönste Ausschmückung des neuen Nachbarn? Traditionell gehört auf den Schneemann ein Zylinderhut; außerdem hält er einen Besen im Arm. Augen und Knöpfe aus Steinkohlen, eine lange Nase aus einer Möhre, im grob geformten Mund eine Pfeife, das sind die weiteren Utensilien für den gefrorenen Herrn im Garten. Die liegen nicht herum, die muß man suchen – ein willkommener Anlaß, in der geheizten Stube solcherart Ausrüstung zu besorgen.

Der Zylinderhut ist nicht schwer zu basteln: aus schwarzer Pappe sind die drei Einzelteile schnell geschnitten. Wir benötigen ein Rechteck, das zu einer Röhre geformt wird und einen Kreis, aus dessen Mitte wir einen kleineren Kreis herausschneiden. Der größere von beiden wird die Krempe, der kleinere die Hutabdeckung – fertig. Der Besen – besser, ihn nicht aus der Kammer zu stibitzen! – entsteht aus einer beliebigen Stange, einem Rohr oder einem Stil, an den trockene Zweige gebunden werden. Gibt es keine Kohle in der Nähe, so tun es ausnahmsweise auch mal schwarz oder farbig gestrichene Walnüsse. Und nun die Pfeife! Wißt ihr, was man dafür nehmen könnte? Soll sie gerade oder gebogen sein, aus Holz, Metall oder Plastik zusammengesetzt? Versucht es einmal – ein Schneemann ist geduldig!

„Winterlandschaft", Gemälde; Pieter Brueghel d. J., 1564–1638

Dem Müller abgeguckt

Während der kalten Bauarbeiten, wenn der Schneemann Formen annimmt, heißt es, sich warmzuhalten. Einen besonders originellen Vorschlag dazu haben wir dem Müller unseres Adventskalenders abgeguckt. Es ist eine Zipfelmütze mit Schal. Sie läßt sich schnell stricken – und hält sogar einen sibirischen Winter lang!

Material:
300 g mittelstarkes Garn, vierfädig, davon 150 g in beige und 150 g in grün. 1 Spiel (5 Nadeln) Nadeln Nr. 3 und Nr. 4, 1 Paar Stricknadeln Nr. 4.

Ausführung:
126 Maschen in grün auf 4 Nadeln Nr. 3 anschlagen und in Runden Grundmuster I stricken. × 10 Runden grün, 5 Runden beige × (zweimal) stricken, dann 10 Runden grün, dabei in der letzten Runde grün 16 Maschen verteilt abnehmen. Man hat 110 Maschen. Als nächstes 5 Nadeln Nr. 4 im Grundmuster II weiterverarbeiten wie folgt: × 10 Runden beige, 10 Runden grün × (dreimal), 10 Runden beige. Für den Schal die Arbeit in zwei Teile teilen und über 55 Maschen mit zwei Nadeln weiterverarbeiten und abwechselnd immer 10 Reihen grün, 10 Reihen beige stricken, die übrigen Maschen stillegen. Nach 136 cm ab Beginn in der 5., 7. und 9. Reihe grün Maschen abnehmen wie folgt: × 1 Masche stricken, 3 Maschen zusammenstricken ×. Die restlichen 24 Maschen abketten und zusammenziehen. Die andere Seite ebenso stricken. Zwei Pompons in grün von 18 cm Durchmesser fertigen und an jedes Schalende einen Pompon setzen.
× − × heißt: wiederholen.

Grundmuster I
1. Reihe: × 2 Maschen rechts, 2 Maschen links ×; 2. Reihe: Maschen stricken wie sie erscheinen. Beide Reihen fortlaufend wiederholen.

Grundmuster II
1. Reihe: × 1 Masche rechts, 1 Masche links ×; 2. Reihe: Maschen stricken wie sie erscheinen. Beide Reihen fortlaufend wiederholen.

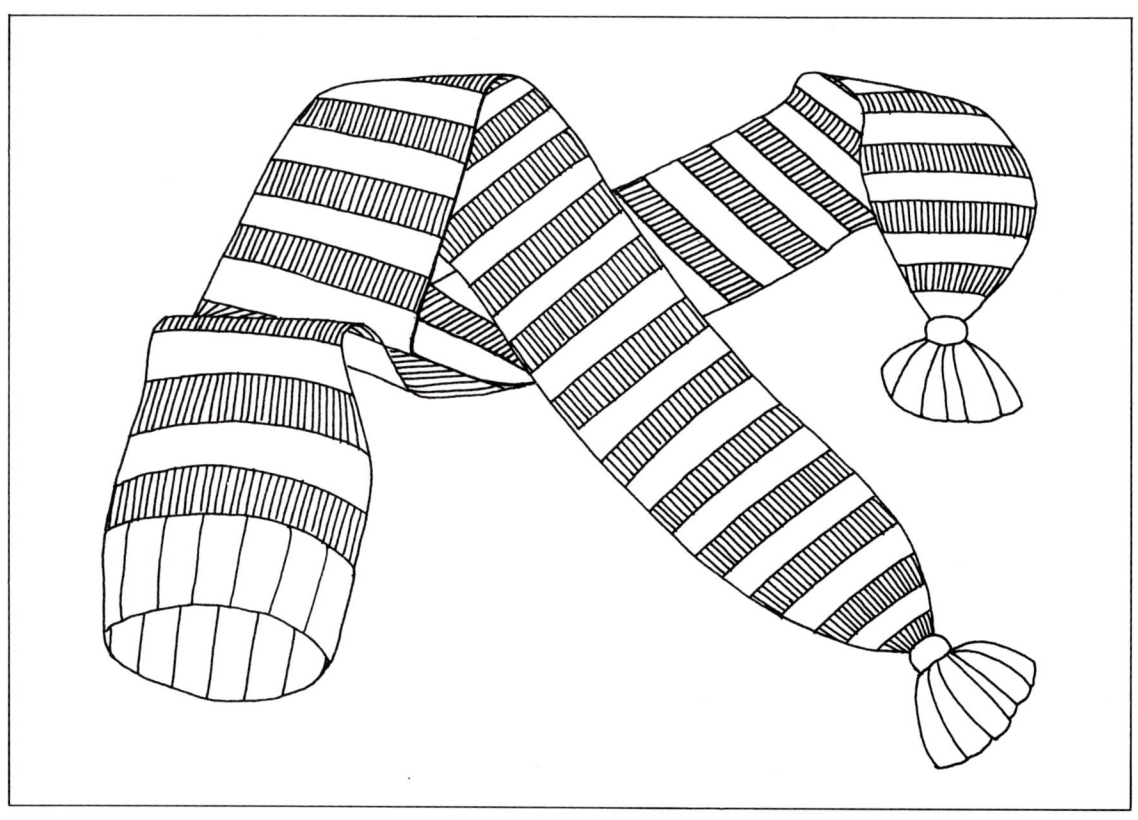

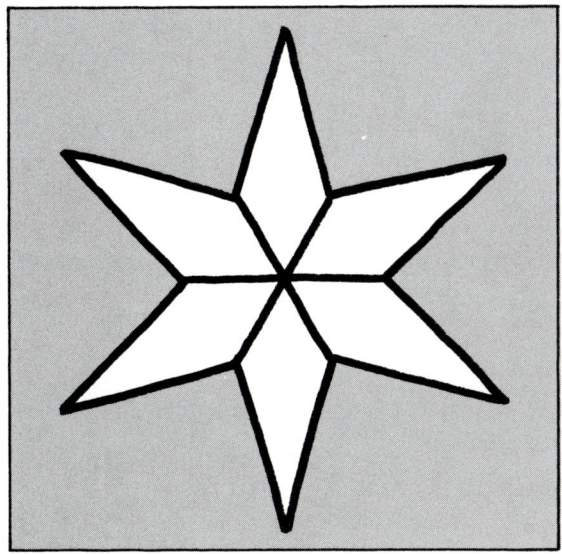

In der warmen Stube

An manchem Morgen, wenn der erste Blick dem auf dem Fensterbrett abgestellten Schuh gilt, sieht die Scheibe ganz anders aus als sonst. Merkwürdige, skurrile Gebilde haben sich da geformt, glasig, aber nicht durchsichtig, regelmäßig, aber nicht einheitlich gemustert. Trotz ihres Namens sind sie in keinem Biologiebuch zu finden – es sind Eisblumen. Über Nacht wachsen sie an kalten Scheiben, zarte Formen, die im Gegensatz zu ihren blühenden Vettern keine Sonne vertragen. Je eisiger es draußen ist, desto deutlicher geben

sie sich den staunenden Kinderaugen zu erkennen. Dabei handelt es sich um nichts anderes als um gefrorenes Wasser, das vorübergehend zu Kristallen wird – wie Zucker etwa. Achtet einmal auf die Schneeflocken, versucht sie zu fangen auf einem Handschuh. Sie werden schnell dahinschmelzen auf der Hand, aber vorher kann man ihre Struktur erkennen, kann sehen, daß sie aus Ärmchen und Zacken, aus Haken und Winkeln bestehen, flüchtig verbunden zu wunderschönen Kompositionen.

„Gasthaus zum hungrigen Sperling"

So abenteuerlich die Kälte draußen für wohlbehütete Kinder auch ist, für die Tierwelt geht es in dieser Zeit ums Überleben. Besonders die Vögel leiden unter Futtermangel, wenn die Böden gefroren, Baum und Strauch mit Schnee zugedeckt sind. Hier läßt sich Abhilfe schaffen, wenn auch nur im Kleinen. Als Belohnung für die Arbeit kann man dann zuschauen, wie die gefiederten Freunde im Futterhäuschen einkehren, wie sie nach einiger Zeit vertraulicher werden und als steter Weihnachtsgast im Freien mitfeiern.

Material:
3 mm Sperrholzplatte (40 x 55 cm), 10 mm Sperrholzplatte (25 x 50 cm), Rundholz (25 mm im Durchmesser, 40 cm lang), Lasur, diverse Schrauben, Bohrer, Säge, Schraubendreher, Stecheisen, Pinsel.

Anleitung:
Eine Bodenplatte (15 x 20 cm/10 mm) und ein weit überstehendes Dach (25 x 30 cm/10 mm) werden durch vier Rundholz-Pfeiler verbunden. Leisten an drei Seiten begrenzen die Einschlupf-Öffnung und verhindern, daß Futter herausfällt. Zum seitlichen Ansetzen der Pfeiler an die Grundplatte das Rundholz so verarbeiten: vier je 10 cm lange Pfeiler 1 cm seitlich einschlitzen, indem man mit der Fein-

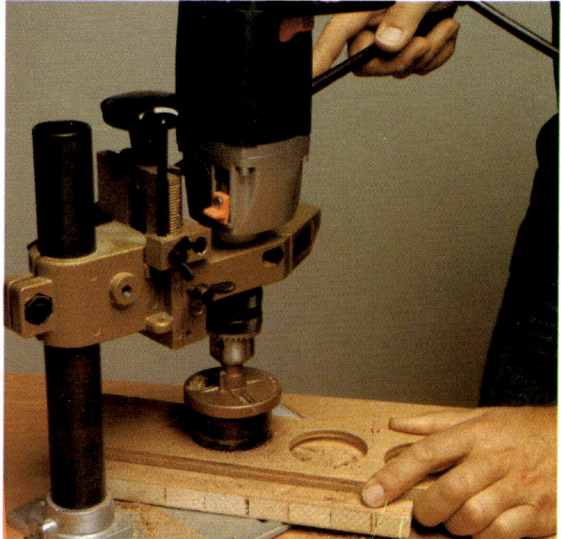
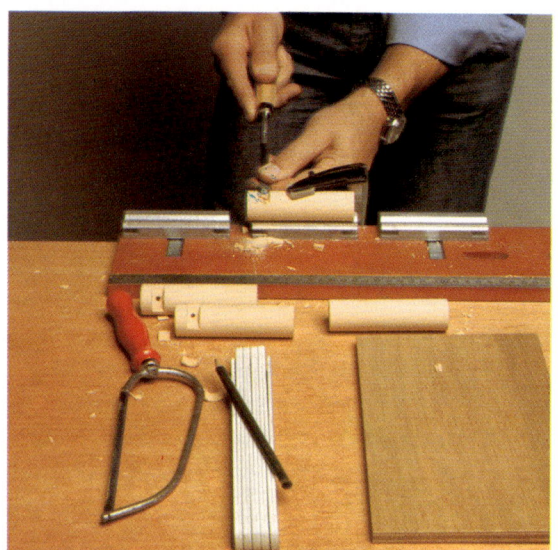

säge zweimal bis zur Mitte schneidet (in 10 mm Abstand) und mit dem Stecheisen das Holz dazwischen ausstößt. Die vier Pfeiler dann an den Längsseiten der Grundplatte aufstecken – zwei genau am Ende, zwei etwa 5 cm vom anderen Ende entfernt, damit den Vögeln eine Anflugrampe bleibt. Die Pfeiler mit Leim und/oder Schrauben befestigen (bei Verwendung von Schrauben: vorbohren!). Die Randstreifen aus 3 mm-Sperrholz (oben 25 mm breit, unten 15 mm) werden nun an die beiden Längsseiten und zur Rampe hin an die Pfeiler angeschraubt. Die der Anflugrampe gegenüberliegende Seite bleibt offen, denn hier wird der Träger angebaut.

Dazu schneidet man mit der Lochsäge 50 mm-Löcher in ein Stück des 10 mm-Sperrholzes (20 x 8 cm). Alle Kanten gut schleifen und die Holzteile streichen. Beim Kauf der Lasur darauf achten, daß Vögel keine Signalfarben mögen. Das Dach wird nun von oben auf die Pfeiler geschraubt. Nur an der Anflugrampe schließen Boden und Dach auf gleicher Höhe ab, sonst steht das Dach überall über. Durch die offene Seite schieben Sie den Träger nun ins Futterhaus, etwa 5 cm weit. Befestigen Sie ihn mit je einer Schraube durch Boden und Dach. Wenn die Schrauben genau übereinanderliegen, läßt sich das Haus um den Träger schwenken.

Bitte denken Sie auch daran

Wenn Sie einen solchen Futterplatz aufstellen möchten, richten Sie sich bitte darauf ein, daß die kleinen Wintergäste sich auf Gedeih und Verderb auf den täglich von Ihnen gedeckten Tisch verlassen. Sie müssen dann das Häuschen regelmäßig mit kleinen Mengen von Körnern versorgen. Je eher Sie damit beginnen, desto größer ist die Wahrscheinlichkeit, daß stets zahlreiche gefiederte Besucher kommen.

Zum Füttern besonders geeignet sind Sonnenblumenkerne und Hanfsamen (vorher mit einer Walze die Schale aufbrechen), gefettete Haferflocken, Weizen, Hafer, Mohn, Leinsamen und Sommerrüben – für Vögel wie Finken, Kleiber, Spechte, Dompfaffen und Meisen. Für Weichfutterfresser – zum Beispiel Zaunkönige, Rotkehlchen, Amseln, Drosseln, Stare – verwenden Sie bitte Wildbeeren wie Holunder, Eberesche, Liguster, Beeren des wilden Weins, des Weißdorns und Efeus. Beliebt sind ebenfalls angefaulte Äpfel, Rosinen und gemahlene Nüsse.

Bitte achten Sie darauf, daß herausgelegtes Obst stets frisch ist – das heißt hier: nicht gefroren. Brot und Kuchenkrümel sowie andere Speisereste eignen sich nicht zur Vogelfütterung, da sie leicht Feuchtigkeit aufnehmen und oft schadhafte Fremdstoffe enthalten. Bei Frost auch keine Tränken aufstellen! Wenn Sie diese Hinweise beherzigen, werden Ihnen die fliegenden Besucher vor dem Fenster viel Freude bereiten. Weitere Hinweise erhalten Sie beim Tierschutzverein (Adresse im Telefonbuch).

Kartengrüße

Es müssen nicht immer Geschenke sein, nicht immer Päckchen – oft genügt ein schriftlicher Gruß als Zeichen, daß man an den anderen denkt. Übrigens ist dieser Brauch gar nicht so jung; schon 1843 versandte der Engländer Sir Henry Cole Weihnachtskarten – eine „Pioniertat", aus der heute eine ganze Branche geworden ist. Sicher, es gibt sehr schöne Exemplare. Sie sind oft nicht billig, doch meist der bequemste Weg. Wer etwas Zeit investieren will, der bastelt seine eigenen Kartengrüße. Hier einige Vorschläge:

Einfacher geht's nicht: eine mit kleinem Schmuck verzierte Schleife auf braunem oder grünem Photopapier. Das „Fröhliche Weihnachten" (Handschrift oder Abreibebuchstaben) ist mit aufgeklebtem feinen Goldflimmer unterstrichen.

Wie ein Reibebrett wirkt diese Karte – allerdings dürfte sie nicht in der Küche wiederzufinden sein. Als Grundlage dient eine beliebig große Metallfolie, auf deren Rückseite mit Bleistift ein Raster gezeichnet wurde (Karos 5 x 5 mm, durch viele parallele Linien im Schnitt). Pieksen Sie mit einer stumpfen Nadel in ausgewählte Schnittpunkte, so daß etwa ein Weihnachtsbaum entsteht. Der Effekt auf der Vorderseite ist verblüffend.

Der fröhliche Ring auf dieser Karte wurde aus braunem Karton geschnitten und mit Schnipseln aus rotem Band, Nudelsternchen, Erbsen, Pfefferkörnern, Nelken und einer Kordel geschmückt.

Fröhliche Weihnachtsgänse wackeln hier entlang. Sie wurden aus verschiedenfarbigem Papier ausgeschnitten, auf blauen Karton geklebt und verziert. Die vierte im Bunde (und am Bande) wackelt an einer Kordel hinterher.

Zart und festlich: eine flauschige Feder, auf Goldfolie geklebt und mit Engelshaar, kleinen Sternchen und Goldflimmer hübsch umrahmt.

Weihnachtliche Bastelreste können für diesen Kartengruß verwandt werden: Sterne, Silberband, Kordel, Lametta und Silberflimmer etwa, in dünnen Reihen untereinandergeklebt.

Der Abend vor Weihnacht

Der letzte Abend vor dem Heiligabend – für die Kinder der aufregendste Tag in einer Reihe von spannungsreichen Tagen: „Morgen ist es endlich so weit". Es besteht keine Veranlassung, diese hochgespannte Erwartung noch zu steigern, etwa durch Vorfeiern oder ständiges Erinnern. Dennoch sollte eines nicht vergessen werden: die weihnachtliche Musik. Gerade der Vorabend eignet sich sehr gut dazu, im Kreise der Familie noch einmal gemeinsam die Adventslieder zu singen, sich gemeinsam auf das Fest vorzubereiten.

Außerdem ist es für die Eltern ein Tag, an dem sie eine wichtige Entscheidung getroffen haben sollten. Kommt der Weihnachtsmann oder nicht? Die Meinungen, ob der rotröckige Weihnachtsmann mit seinem wallenden Bart heute, in unserer Zeit, in der er überall auf der Straße und in vielen Geschäften zu sehen ist, überhaupt noch Sinn hat, gehen auseinander. Allerdings: Schaden kann bei kleineren Kindern ein Besuch des Weihnachtsmanns auf keinen Fall. Nur sollte er eine gütige, fröhliche Gestalt sein, eine Erscheinung der Freudenzeit also. Der alte Mann mit den Drohgebärden, der seine Rute schwingt und nach den bösen Taten forscht, gehört wirklich in die Vergangenheit.

Auch in unserem Lande macht sich ein – nach unserer Ansicht – sehr schöner amerikanischer Brauch breit: das Aufstellen der Geschenke unter dem Weihnachtsbaum bereits

vor dem Heiligabend. So ist es durchaus über-legenswert, ob man seine Gaben – und zwar sowohl die der Eltern wie auch die der Kinder – nicht bereits am Abend vor dem Fest wohl-verpackt unter dem Baum ausbreitet. Es geht dabei nicht darum, die Neugier anzustacheln. Es vermittelt vielmehr ein Gefühl der Befrie-digung, wenn etwas die Kinder „ihr" Ge-schenk dort unter all den andern sehen und so noch einmal vor Augen geführt bekommen, daß Weihnachten ein Fest „gegenseitigen"

Schenkens ist, ein gemeinsames Erlebnis, das sowohl Eltern wie Kinder einschließt.

Denn das ist wichtig. Weihnachten sollte ein Familienfest bleiben. Nicht eine von vielen Gelegenheiten, bei denen man etwas ge-schenkt bekommt. Der spezielle Charakter – neben dem religiösen – liegt vor allem darin, daß dies ein freudiges Ereignis für die Ge-meinschaft ist, an dem alle beteiligt sind, und zu dem ein jeder seinen Teil, und sei er noch so klein, beiträgt.

„Die Mutter am Christabend", Holzschnitt; Ludwig Richter, 1803–1884

„Volkszählung zu Bethlehem", Gemälde; Pieter Brueghel d. J., 1564–1638

Zeit der Gedichte, der Geschichten, der Märchen

Wenn man Kinder in unserem Lande fragt, was für sie zum Weihnachtsfest gehört, dann werden sie zunächst wohl „Geschenke", „der Weihnachtsmann" oder „der Tannenbaum" antworten. Mit Sicherheit kommt dann aber auch bald „das Weihnachtsgedicht", „die Weihnachtsgeschichte", „das Weihnachtsmärchen". Denn solange Weihnachten ein Familienfest bleibt, solange wird man hier den Kindern Geschichten und Märchen vorlesen, mit ihnen zusammen Gedichte aufsagen. Wie Lichterglanz und Festtagsbraten so sind auch sie ein fester Bestandteil unserer weihnachtlichen Tradition. Daran hat auch das Fernsehen oder der Flug zum Mond nichts geändert. Wo immer Menschen unseres Kulturkreises Weihnachten feiern, da wird man die alten Geschichten und Lieder hören – Erzählungen und Verse, die zum Teil schon unsere Urgroßväter und -mütter kannten.

Knecht Ruprecht

Theodor Storm

Ruprecht:
Von drauß' vom Walde komm ich her;
Ich muß Euch sagen, es weihnachtet sehr!
Allüberall auf den Tannenspitzen
sah ich goldene Lichtlein sitzen;
Und droben aus dem Himmelstor
sah mit großen Augen das Christkind hervor,
und wie ich so strolcht' durch den finstern Tann,
da riefs mich mit heller Stimme an:
„Knecht Ruprecht", rief es, „alter Gesell,
hebe die Beine und spute dich schnell!
Die Kerzen fangen zu brennen an,
das Himmelstor ist aufgetan,
Alt' und Junge sollen nun
von der Jagd des Lebens einmal ruhn;
Und morgen flieg ich hinab zur Erden;
Denn es soll wieder Weihnachten werden!"
Ich sprach: „O lieber Herre Christ,
meine Reise fast zu Ende ist;
Ich soll nur noch in diese Stadt, wo's eitel gute Kinder hat."
– „Hast denn das Säcklein auch bei dir?"
Ich sprach: „Das Säcklein, das ist hier:
Denn Äpfel, Nuß und Mandelkern
essen fromme Kinder gern."
– „Hast denn die Rute auch bei dir?"
Ich sprach: „Die Rute, die ist hier;
Doch für die Kinder nur, die schlechten,
die trifft sie auf den Teil, den rechten."
Christkindlein sprach: „So ist es recht!
So geh mit Gott, mein treuer Knecht!"

Von drauß' vom Walde komm ich her;
Ich muß euch sagen, es weihnachtet sehr!
Nun sprecht, wie ich's hierinnen find!
Sind's gute Kind, sind's böse Kind?

Die heilige Nacht

Selma Lagerlöf

Als ich fünf Jahre alt war, hatte ich einen großen Kummer. Ich weiß kaum, ob ich seitdem einen größeren gehabt habe. Das war, als meine Großmutter starb. Bis dahin hatte sie jeden Tag auf dem Ecksofa in ihrer Stube gesessen und Märchen erzählt.

Ich weiß es nicht anders, als daß Großmutter dasaß und erzählte, vom Morgen bis zum Abend, und wir Kinder saßen still neben ihr und hörten zu. Das war ein herrliches Leben. Es gab keine Kinder, denen es so gut ging wie uns. Ich erinnere mich nicht an sehr viel von meiner Großmutter. Ich erinnere mich, daß sie schönes, kreideweißes Haar hatte, und daß sie sehr gebückt ging, und daß sie immer dasaß und an einem Strumpf strickte.

Dann erinnere ich mich auch, daß sie, wenn sie ein Märchen erzählt hatte, ihre Hand auf meinen Kopf zu legen pflegte, und dann sagte sie: „Und das alles ist so wahr, wie daß ich dich sehe und du mich siehst."

Ich entsinne mich auch, daß sie schöne Lieder singen konnte, aber das tat sie nicht alle Tage. Eines dieser Lieder handelte von einem Ritter und einer Meerjungfrau, und es hatte den Kehrreim: „Es weht so kalt, es weht so kalt, wohl über die weite See."

Dann entsinne ich mich eines kleinen Gebets, das sie mich lehrte, und eines Psalmverses.

Von allen den Geschichten, die sie mir erzählte, habe ich nur eine schwache, unklare Erinnerung. Nur an eine einzige von ihnen erinnere ich mich so gut, daß ich sie erzählen könnte. Es ist eine kleine Geschichte von Jesu Geburt.

Noch heute, nach vierzig Jahren, wie ich dasitze und die Legenden über Christus sammle, die ich drüben im Morgenland gehört habe, wacht die kleine Geschichte von Jesu Geburt, die meine Großmutter zu erzählen pflegte, in mir auf. Und ich bekomme Lust, sie noch einmal zu erzählen und sie auch in meine Sammlung mit aufzunehmen.

Es war an einem Weihnachtstag, alle waren zur Kirche gefahren, außer Großmutter und mir. Ich glaube, wir beide waren im ganzen Hause allein. Wir hatten nicht mitfahren können, weil die eine zu jung und die andere zu alt war. Und alle beide waren wir betrübt, daß wir nicht zum Mettegesang fahren und die Weihnachtslichter sehen konnten. Aber wie wir so in unserer Einsamkeit saßen, fing Großmutter zu erzählen an.

„Es war einmal ein Mann", sagte sie, „der in die dunkle Nacht hinausging, um sich Feuer zu leihen. Er ging von Haus zu Haus und klopfte an. ‚Ihr lieben Leute, helft mir!' sagte er. ‚Mein Weib hat eben ein Kindlein geboren, und ich muß Feuer anzünden, um sie und den Kleinen zu erwärmen.'

Aber es war tiefe Nacht, so daß alle Menschen schliefen, und niemand antwortete ihm.

Der Mann ging und ging. Endlich erblickte er in weiter Ferne einen Feuerschein. Da wanderte er dieser Richtung zu und sah, daß das Feuer im Freien brannte. Eine Menge weißer Schafe lagen rings um das Feuer und schliefen, und ein alter Hirt wachte über der Herde. Als der Mann, der Feuer leihen wollte, zu den Schafen kam, sah er, daß drei große Hunde zu Füßen des Hirten ruhten und schliefen. Sie erwachten alle drei bei seinem Kommen und sperrten ihre weiten Rachen auf, als ob sie bellen wollten, aber man vernahm keinen Laut. Der Mann sah, daß sich die Haare auf ihrem Rücken sträubten, er sah, wie ihre scharfen Zähne funkelnd weiß im Feuerschein leuchteten, und wie sie auf ihn losstürzten. Er fühlte, daß einer von ihnen nach seinen Beinen schnappte und einer nach seiner Hand, und daß einer sich an seine Kehle hängte. Aber die Kinnladen und die Zähne, mit denen die Hunde beißen wollten, gehorchten ihnen nicht, und der Mann litt nicht den kleinsten Schaden.

Nun wollte der Mann weitergehen, um das zu

Winter.

„Winter", Holzschnitt; Ludwig Richter, 1803–1883

finden, was er brauchte. Aber die Schafe lagen so dicht nebeneinander, Rücken an Rücken, daß er nicht vorwärtskommen konnte. Da stieg der Mann auf die Rücken der Tiere und wanderte über sie hin dem Feuer zu. Und keins von den Tieren wachte auf oder regte sich."

So weit hatte Großmutter ungestört erzählen können, aber nun konnte ich es nicht lassen, sie zu unterbrechen. „Warum regten sie sich nicht, Großmutter?" fragte ich. „Das wirst du nach einem Weilchen schon erfahren", sagte Großmutter und fuhr mit ihrer Geschichte fort.

„Als der Mann fast beim Feuer angelangt war, sah der Hirt auf. Es war ein alter, mürrischer Mann, der unwirsch und hart gegen alle Menschen war. Und als er einen Fremden kommen sah, griff er nach seinem langen, spitzigen Stabe, den er in der Hand zu halten pflegte, wenn er seine Herde hütete, und warf ihn nach ihm. Und der Stab fuhr zischend gerade auf den Mann los, aber ehe er ihn traf, wich er zur Seite und sauste, an ihm vorbei, weit über das Feld."

Als Großmutter so weit gekommen war, unterbrach ich sie abermals. „Großmutter, warum wollte der Stock den Mann nicht schlagen?" Aber Großmutter ließ es sich nicht einfallen, mir zu antworten, sondern fuhr mit ihrer Erzählung fort.

„Nun kam der Mann zu dem Hirten und sagte zu ihm: ‚Guter Freund, hilf mir, und leih mir ein wenig Feuer. Mein Weib hat eben ein Kindlein geboren, und ich muß Feuer machen, um sie und den Kleinen zu erwärmen.' Der Hirt hätte am liebsten nein gesagt, aber als er daran dachte, daß die Hunde dem Manne nicht hatten schaden können, daß die Schafe nicht vor ihm davongelaufen waren und daß sein Stab ihn nicht fällen wollte, da wurde ihm ein wenig bange, und er wagte es nicht, dem Fremden das abzuschlagen, was er begehrte. ‚Nimm soviel du brauchst', sagte er zu dem Manne.

Aber das Feuer war beinahe ausgebrannt. Es waren keine Scheite und Zweige mehr übrig,

sondern nur ein großer Gluthaufen, und der Fremde hatte weder Schaufel noch Eimer, worin er die roten Kohlen hätte tragen können.

Als der Hirt dies sah, sagte er abermals: ‚Nimm soviel du brauchst!' Und er freute sich, daß der Mann kein Feuer wegtragen konnte. Aber der Mann beugte sich hinunter, holte die Kohlen mit bloßen Händen aus der Asche und legte sie in seinen Mantel. Und weder versengten die Kohlen seine Hände als er sie berührte, noch versengten sie seinen Mantel, sondern der Mann trug sie fort, als wenn es Nüsse oder Äpfel gewesen wären."

Aber hier wurde die Märchenerzählerin zum drittenmal unterbrochen. „Großmutter, warum wollte die Kohle den Mann nicht brennen?"

„Das wirst du schon hören", sagte die Großmutter, und dann erzählte sie weiter.

„Als dieser Hirt, der ein so böser, mürrischer Mann war, dies alles sah, begann er sich bei sich selbst zu wundern: ‚Was kann dies für eine Nacht sein, wo die Hunde die Schafe nicht beißen, die Schafe nicht erschrecken, die Lanze nicht tötet und das Feuer nicht brennt?' Er rief den Fremden zurück und sagte zu ihm: ‚Was ist dies für eine Nacht? Und woher kommt es, daß alle Dinge dir Barmherzigkeit zeigen?'

Da sagte der Mann: ‚Ich kann es dir nicht sagen, wenn du selber es nicht siehst.' Und er wollte seiner Wege gehen, um bald ein Feuer anzuzünden und Weib und Kind wärmen zu können.

Aber da dachte der Hirt, er wolle den Mann nicht ganz aus dem Gesicht verlieren, bevor er erfahren hätte, was dies alles bedeute. Er stand auf und ging ihm nach, bis er dorthin kam, wo der Fremde daheim war.

Da sah der Hirt, daß der Mann nicht einmal eine Hütte hatte, um darin zu wohnen, sondern er hatte sein Weib und sein Kind in einer Berggrotte liegen, wo es nichts gab als nackte, kalte Steinwände.

Aber der Hirt dachte, daß das arme, unschuldige Kindlein vielleicht dort in der Grotte erfrieren würde, und obgleich er ein harter Mann war, wurde er davon doch ergriffen und beschloß, dem Kinde zu helfen. Und er löste sein Ränzel von der Schulter und nahm daraus ein weiches, weißes Schaffell hervor. Das gab

„Geburt Christi" aus ‚Brevarium Grimani', Faksimile

er dem fremden Manne und sagte, er möge das Kind darauf betten.

Aber in demselben Augenblick, in dem er zeigte, daß auch er barmherzig sein konnte, wurden ihm die Augen geöffnet, und er sah, was er vorher nicht hatte sehen und hörte, was er vorher nicht hatte hören können.

Er sah, daß rund um ihn ein dichter Kreis von kleinen, silberbeflügelten Englein stand. Und jedes von ihnen hielt ein Saitenspiel in der Hand, und alle sangen sie mit lauter Stimme, daß in dieser Nacht der Heiland geboren wäre, der die Welt von ihren Sünden erlösen solle.

Da begriff er, warum in dieser Nacht alle Dinge so froh waren, daß sie niemand etwas zuleide tun wollten. Und nicht nur rings um den Hirten waren Engel, sondern er sah sie überall. Sie saßen in der Grotte, und sie saßen auf dem Berge, und sie flogen unter dem Himmel. Sie kamen in großen Scharen über den Weg gegangen, und wie sie vorbeikamen, blieben sie stehen und warfen einen Blick auf das Kind.

Es herrschte eitel Jubel und Freude und Singen und Spiel, und das alles sah er in der dunklen Nacht, in der er früher nichts zu gewahren vermocht hatte. Und er wurde so froh, daß seine Augen geöffnet waren, daß er auf die Knie fiel und Gott dankte."

Aber als Großmutter soweit gekommen war, seufzte sie und sagte: "Aber was der Hirte sah, das könnten wir auch sehen, denn die Engel fliegen in jeder Weihnachtsnacht unter dem Himmel, wenn wir sie nur zu gewahren vermögen."

Und dann legte Großmutter ihre Hand auf meinen Kopf und sagte: "Dies sollst du dir merken, denn es ist so wahr, wie daß ich dich sehe und du mich siehst. Nicht auf Lichter und Lampen kommt es an, und es liegt nicht an Mond und Sonne, sondern was not tut, ist, daß wir Augen haben, die Gottes Herrlichkeit sehen können."

Die Heil'gen Drei Könige

Heinrich Heine

Die Heil'gen Drei Könige aus dem Morgenland,
sie frugen in jedem Städtchen:
„Wo geht der Weg nach Bethlehem,
ihr lieben Buben und Mädchen?"

Die Jungen und Alten, sie wußten es nicht,
die Könige zogen weiter,
sie folgten einem goldenen Stern,
der leuchtete lieblich und heiter.

Der Stern bleibt stehn über Josefs Haus,
da sind sie hineingegangen;
das Öchslein brüllt, das Kindlein schrie,
die Heil'gen Drei Könige sangen.

Weihnachten

Joseph von Eichendorff

Markt und Straßen stehn verlassen,
still erleuchtet jedes Haus,
sinnend geh ich durch die Gassen,
alles sieht so festlich aus.

An den Fenstern haben Frauen
buntes Spielzeug fromm geschmückt,
tausend Kindlein stehn und schauen,
sind so wunderstill beglückt.

Und ich wandre aus den Mauern
bis hinaus ins freie Feld,
hehres Glänzen, heilges Schauern!
wie so weit und still die Welt!

Sterne hoch die Kreise schlingen,
aus des Schnees Einsamkeit
steigt' wie wunderbares Singen –
O du gnadenreiche Zeit!

Als ich die Christtagsfreude holen ging

Peter Rosegger

In meinem zwölften Lebensjahre wird es auch gewesen sein, als am Frühmorgen des heiligen Christabends mein Vater mich an der Schulter rüttelte: ich solle aufwachen und zur Besinnung kommen, er habe mir was zu sagen. Die Augen waren bald offen, aber die Besinnung! Als ich unter Mithilfe der Mutter angezogen war und bei der Frühsuppe saß, verlor sich die Schlaftrunkenheit allmählich, und nun sprach mein Vater: „Peter, jetzt höre, was ich dir sage. Da nimm einen leeren Sack, denn du wirst was heimtragen. Da nimm meinen Stecken, denn es ist viel Schnee, und da nimm eine Laterne, denn der Pfad ist schlecht, und die Stege sind vereist. Du mußt hinabgehen nach Langenwang. Den Holzhändler Spreitzegger zu Langenwang, den kennst du, der ist mir noch immer das Geld schuldig, zwei Gulden und sechsunddreißig Kreuzer für den Lärchenbaum. Ich laß' ihn bitten drum; schön höflich anklopfen und den Hut abnehmen,

wenn du in sein Zimmer trittst. Mit dem Geld gehst du nachher zum Kaufmann Doppelreiter und kaufst zwei Maß Semmelmehl und zwei Pfund Rindschmalz und für zwei Groschen Salz, und das trägst du heim." Jetzt war aber auch meine Mutter zugegen, ebenfalls schon angekleidet, während meine sechs jüngeren Geschwister noch ringsum an der Wand in ihren Bettchen schliefen. Die Mutter, die redete drein wie folgt: „Mit Mehl und Schmalz und Salz allein kann ich kein Christtagsessen richten. Ich brauch' dazu noch Germ (Bierhefe) für einen Groschen, Weinbeerln für fünf Kreuzer, Zucker für fünf Groschen, Safran für zwei Groschen und Neugewürz für zwei Kreuzer. Etliche Semmeln werden auch müssen sein."

„So kauf es", setzte der Vater ruhig hinzu. „Und wenn dir das Geld zuwenig wird, so bittest den Herrn Doppelreiter, er möcht' die

Sachen derweil borgen, und zu Ostern wollt' ich schon fleißig zahlen. Eine Semmel kannst unterwegs selber essen, weil du vor Abend nicht heimkommst. Und jetzt kannst gehen, es wird schon fünf Uhr, und daß du noch die Achter-Messe erreichst zu Langenwang."

Das war alles gut und recht. Den Sack band mein Vater mir um die Mitte, den Stecken nahm ich in die rechte Hand, die Laterne mit der frischen Kerze in die linke, und so ging ich davon, wie ich zu jener Zeit in Wintertagen oft davongegangen war. Der durch wenige Fußgänger ausgetretene Pfad war holperig im tiefen Schnee, und es ist nicht immer leicht, nach den Fußstapfen unserer Vorderern zu wandeln, wenn diese zu lange Beine gehabt haben. Noch nicht dreihundert Schritte war ich gegangen, so lag ich im Schnee, und die Laterne, hingeschleudert, war ausgelöscht. Ich suchte mich langsam zusammen, und dann schaute ich die wunderschöne Nacht an. Anfangs war sie ganz grausam finster, allmählich hub der Schnee an, weiß zu werden und die Bäume schwarz, und in der Höhe war helles Sternengefunkel. In den Schnee fallen kann man auch ohne Laterne, so stellte ich sie seithin unter einen Strauch, und ohne Licht ging's nun besser als vorhin.

In die Talschlucht kam ich hinab, das Wasser des Fresenbaches war eingedeckt mit glattem Eise, auf welchem, als ich über den Steg ging, die Sterne des Himmels gleichsam Schlittschuh liefen. Später war ein Berg zu übersteigen; auf dem Passe, genannt der „Höllkogel", stieß ich zur wegsamen Bezirksstraße, die durch Wald und Wald hinabführt in das Mürztal. In diesem lag ein weites Meer von Nebel, in welches ich sachte hineinkam, und die feuchte Luft fing an, einen Geruch zu haben, sie roch nach Steinkohlen; und die Luft fing an, fernen Lärm an mein Ohr zu tragen, denn im Tal hämmerten die Eisenwerke, rollte manchmal ein Eisenbahnzug über dröhnende Brücken.

Nach langer Wanderung ins Tal gekommen zur Landstraße, klingelte Schlittengeschelle, der Nebel ward grau und lichter, so daß ich die Fuhrwerke und Wandersleute, die für die Feiertage nach ihren Heimstätten reisten, schon auf kleine Strecken weit sehen konnte. Nachdem ich eine Stunde lang im Tale fortgegangen war, tauchte links an der Straße im Nebel ein dunkler Fleck auf, rechts auch einer, links mehrere, rechts eine ganze Reihe – das Dorf Langenwang.

Alles, was Zeit hatte, ging zur Kirche, denn der Heilige Abend ist voller Vorahnung und Gottesweihe. Bevor noch die Messe anfing, schritt der hager gebückte Schulmeister durch die Kirche, musterte die Andächtigen, als ob er jemanden suche. Endlich trat er zu mir und fragte leise, ob ich ihm nicht die Orgel bedienen wolle, es sei der Mesnerbub krank. Voll Stolz und Freude, also zum Dienste des Herrn gewürdigt zu sein, ging ich mit ihm auf den Chor, um bei der heiligen Messe den Blasebalg der Orgel zu ziehen. Während ich die zwei langen Lederriemen abwechselnd aus dem Kasten zog, in welchen jeder derselben allemal wieder hineinkroch, orgelte der Schulmeister, und seine Tochter sang.

Ferner erinnere ich mich, an jenem Morgen nach dem Gottesdienst in der dämmerigen Kirche vor ein Heiligenbild hingekniet zu sein und gebetet zu haben um Glück und Segen zur Erfüllung meiner bevorstehenden Aufgabe. Das Bild stellte die vierzehn Nothelfer dar – einer wird doch dabei sein, der zur Eintreibung von Schulden behilflich ist. Es schien mir aber, als schiebe während meines Gebetes auf dem Bilde einer sich sachte hinter den anderen zurück.

Trotzdem ging ich guten Mutes hinaus in den nebligen Tag, wo alles emsig war in der Vorbereitung zum Feste, und ging zu dem Hause des Holzhändlers Spreitzegger. Als ich daran war, zur vorderen Tür hineinzugehen, wollte der alte Spreitzegger, soviel ich mir später reimte, durch die hintere Tür entwischen. Es wäre ihm gelungen, wenn mir nicht im Augenblick geschwant hätte: Peter, geh nicht zur vorderen Tür ins Haus wie ein Herr, sei demütig, geh zur hinteren Tür hinein, wie es dem Waldbauernbuben geziemt. Und knapp an der hinteren Türe trafen wir uns. „Ah, Bübel, du willst dich wärmen gehen", sagte er mit geschmeidiger Stimme und deutet ins

Haus, „na, geh dich nur wärmen. Ist kalt heut!" Und wollte davon.

„Mir ist nicht kalt", antwortete ich, „aber mein Vater läßt den Spreitzegger schön grü- ßen und bitten ums Geld."

„Ums Geld? Wieso?" fragte er. „Ja richtig, du bist der Waldbauernbub. Bist früh aufgestan- den heut, wenn du schon den weiten Weg kommst. Raste nur. Ich laß' deinen Vater auch schön grüßen und glückliche Feiertage wünschen; ich komm' ohnehin einmal zu euch hinauf, dann wollen wir uns schon einig werden."

Fast verschlug's mir die Rede, stand doch unser ganzes Weihnachtsmahl in Gefahr vor solchem Bescheid.

„Bitt' wohl von Herzen schön ums Geld, muß Mehl kaufen und Schmalz und Salz, und ich darf nicht heimkommen mit leerem Sack."

Er schaute mich starr an. „Du kannst es!" brummte er, zerrte mit zäher Gebärde seine große rote Brieftasche hervor, zupfte in den Papieren, die wahrscheinlich nicht pure Banknoten waren, zog einen Gulden heraus und sagte: „Na, so nimm derweil das, in vierzehn Tagen wird dein Vater den Rest schon kriegen. Heut hab' ich nicht mehr."

Den Gulden schob er mir in die Hand, ging davon und ließ mich stehen.

Ich blieb aber nicht stehen, sondern ging zum Kaufmann Doppelreiter.

Dort begehrte ich ruhig und gemessen, als ob nichts wäre, zwei Maß Semmelmehl, zwei Pfund Rindschmalz, für zwei Groschen Salz, für einen Groschen Germ, für fünf Kreuzer Weinbeerln, für fünf Groschen Zucker, für zwei Groschen Safran und für zwei Kreuzer Neugewürz. Der Herr Doppelreiter bediente mich selbst und machte mir alles hübsch zu- recht in Päckchen und Tütchen, die er dann zusammen in ein einziges Paket band und an den Mehlsack so hängte, daß ich das Ding über der Achsel tragen konnte, vorne ein Bündel und hinten ein Bündel.

Als das geschehen war, fragte ich mit einer nicht minder tückischen Ruhe als vorhin, was das alles zusammen ausmache?

„Das macht drei Gulden, fünfzehn Kreuzer", antwortete er mit Kreide im Mund.

„Ja, ist schon recht", hierauf ich, „da ist derweil ein Gulden, und das andere wird mein Vater, der Waldbauer in Alpel, zu Ostern zahlen."

Schaute mich der bedauernswerte Mann an und fragte höchst besorgt: „Zu Ostern? In welchem Jahr?"

„Na, nächst' Ostern", antwortete ich.

Nun mischte sich die Frau Doppelreiterin, die andere Kunden bediente, drein und sagte: „Laß ihm's nur, Mann, der Waldbauer hat schon öfter auf Borg genommen und nachher allemal ordentlich bezahlt. Laß ihm's nur."

„Ich laß ihm's ja, werd' ihm's nicht wieder wegnehmen", antwortete der Doppelreiter. Das war doch ein bequemer Kaufmann! Jetzt fielen mir auch die Semmeln ein, welche meine Mutter noch bestellt hatte.

„Kann man da nicht auch fünf Semmeln ha- ben?" fragte ich.

„Semmeln kriegt man beim Bäcker", sagte der Kaufmann.

Das wußte ich nun gleichwohl, nur hatte ich mein Lebtag nichts davon gehört, daß man ein paar Semmeln auf Borg nimmt, daher ver- traute ich der Kaufmännin, die sofort als Gönnerin zu betrachten war, meine vollstän- dige Zahlungsunfähigkeit an. Sie gab mir zwei bare Groschen für Semmeln, und als sie nun noch beobachtete, wie meine Augen mit den reiffeuchten Wimpern fast unlösbar an den gedörrten Zwetschgen hingen, die sie einer alten Frau in den Korb tat, reichte sie mir auch noch eine Handvoll dieser köstlichen Sachen zu: „Unterwegs zum Naschen."

Nicht lange hernach, und ich trabte mit mei- nen Gütern reich und schwer bepackt durch die breite Dorfgasse dahin. Überall in den Häusern wurde gemetzgert, gebacken, gebra- ten, gekeltert; ich beneidete die Leute nicht, ich bedauerte sie vielmehr, daß sie nicht ich waren, der mit so großem Segen beladen gen Alpel zog. Das wird morgen ein Christtag werden! Denn die Mutter kann's, wenn sie die

Sachen hat. Ein Schwein ist ja auch geschlachtet worden daheim, das gibt Fleischbrühe mit Semmelbrocken, Speckfleck, Würste, Knödelfleisch mit Kren, dann erst die Krapfen, die Zuckernudeln, das Schmalzkoch mit Weinbeerln und Safran! – Die Herrenleut da in Langenwang haben so was alle Tag, das ist nichts, aber wir haben es im Jahr einmal und kommen mit unverdorbenem Magen dazu, das ist was! – Und doch dachte ich auf diesem belasteten Freudenmarsch weniger noch ans Essen als an das liebe Christkind und sein hochheiliges Fest. Am Abend, wenn ich nach Hause komme, werde ich aus der Bibel davon vorlesen, die Mutter und die Magd Mirzel werden Weihnachtslieder singen; dann, wenn es zehn Uhr wird, werden wir uns aufmachen nach Sankt Kathrein und in der Kirche die feierliche Christmette begehen bei Glocken, Musik und unzähligen Lichtern. Und am Seitenaltar ist die Krippe aufgerichtet mit Ochs und Esel und den Hirten, und auf dem Berg die Stadt Bethlehem und darüber die Engel, singend: Ehre sei Gott in der Höhe! – Diese Gedanken trugen mich anfangs wie Flügel. Doch als ich eine Weile die schlittenglatte Landstraße dahingegangen war, unter den Füßen knirschenden Schnee, mußte ich mein Doppelbündel schon einmal wechseln von einer Achsel auf die andere. In der Nähe des Wirtshauses „Zum Sprengzaun" kam mir etwas Vierspänniges entgegen. Ein leichtes Schlittlein mit vier feurigen, hochaufgefederten Rappen bespannt, auf dem Bock ein Kutscher mit glänzenden Knöpfen und einem Buttenhut. Der Kaiser? Nein, der Herr Wachtler vom Schlosse Hohenwang saß im Schlitten, über und über in Pelze gehüllt und eine Zigarre schmauchend. Ich blieb stehen, schaute dem blitzschnell vorüberhuschenden Zeug eine Weile nach und dachte: Etwas krumm ist es doch eingerichtet auf dieser Welt; da sitzt ein starker Mann drin und läßt sich hinziehen mit soviel überschüssiger Kraft, und ich vermag mein Bündel kaum zu schleppen.

Mittlerweile war es Mittagszeit geworden. Durch den Nebel war die milchweiße Scheibe der Sonne zu sehen; sie war nicht hoch an dem Himmel hinaufgestiegen, denn um vier Uhr wollte sie ja wieder unten sein, zur langen Christnacht. Ich fühlte in den Beinen manchmal so ein heißes Prickeln, das bis in die Brust heraufstieg, es zitterten mir die Glieder. Nicht weit von der Stelle, wo der Weg nach Alpel abzweigt, stand ein Kreuz mit dem lebensgroßen Bilde des Heilands. Es stand, wie es heut noch steht, an seinem Fuß Johannes und Magdalena, das Ganze mit einem Bretterverschlag verwahrt, so daß es wie eine Kapelle war. Vor dem Kreuze auf die Bank, die für kniende Beter bestimmt ist, setzte ich mich nieder, um Mittag zu halten. Eine Semmel, die gehörte mir, meine Neigung zu ihr war so groß, daß ich sie am liebsten in wenigen Bissen verschluckt hätte. Allein, das schnelle Schlucken ist nicht gesund, das wußte ich von anderen Leuten, und das langsame Essen macht einen längeren Genuß, das wußte ich schon von mir selber. Also beschloß ich, die Semmel recht gemächlich und bedächtig zu genießen und dazwischen manchmal eine gedörrte Zwetschge zu naschen.

Es war eine sehr köstliche Mahlzeit; wenn ich heute etwas recht Gutes haben will, das kostet außerordentliche Anstrengungen aller Art; ach, wenn man nie und nie einen Mangel zu leiden hat, wie ist man da arm!

Und wie war ich so reich damals, als ich arm war!

Als ich nach der Mahlzeit mein Doppelbündel wieder auflud, war's ein Spaß mit ihm, flink ging es voran. Als ich später in die Bergwälder hinaufkam, und der graue Nebel dicht in den schneebeschwerten Bäumen hing, dachte ich an den Grabler Hansel. Das war ein Kohlenhändler, der täglich von Alpel seine Fuhre ins Mürztal lieferte. Wenn er auch heute gefahren wäre! Und wenn er jetzt heimwärts mit dem leeren Schlitten des Weges käme und mir das Bündel auflüde! Und am Ende gar mich selber! Daß es so heiß sein kann im Winter! Mitten in Schnee und Eisschollen schwitzen! Doch morgen wird alle Mühsal vergessen sein. Derlei Gedanken und Vorstellungen verkürzten mir unterwegs die Zeit.

Auf einmal roch ich starken Tabakrauch. Knapp hinter mir ging – ganz leise auftretend – der grüne Kilian. Der Kilian war früher einige Zeit lang Forstgehilfe gewesen, jetzt war er's nicht mehr, wohnte mit seiner Familie in einer Hütte drüben in der Fischbacher Gegend, wußte nicht recht, was er trieb. Nun ging er nach Hause. Er hatte einen Korb auf dem Rücken, an dem er nicht schwer zu tragen schien, sein Gewand war noch ein jägermäßiges, aber hübsch abgetragen, und sein schwarzer Vollbart ließ nicht viel sehen von seinem etwas fahlen Gesichte. Als ich ihn bemerkt hatte, nahm er die Pfeife aus dem Mund, lachte laut und sagte: „Wo schiebst denn hin, Bub?“

„Heim zu“, meine Antwort.

„Was schleppst denn?“

„Sachen für den Christtag.“

„Gute Sachen? Der Tausend sapperment! Wem gehörst denn zu?“

„Dem Waldbauer.“

„Zum Waldbauer willst gar hinauf: Da mußt du dich aber beeilen.“

„Tu's schon“, sagte ich und beeilte mich.

„Nach einem solchen Marsch wirst gut schlafen in der Nacht“, versetzte der Kilian, mit mir gleichen Schritt haltend.

„Heut wird nicht geschlafen in der Nacht, heut ist Christnacht.“

„Was willst denn sonst tun, als schlafen in der Nacht?“

„Nach Kathrein in die Mette gehen.“

„Nach Kathrein?“ fragte er. „Den weiten Weg?“

„Um zehn Uhr abends gehen wir von Haus fort, und um drei Uhr früh sind wir wieder daheim.“

Der Kilian biß in sein Pfeifenrohr und sagte: „Na hörst du, da gehört viel Christentum dazu. Beim Tag ins Mürztal und bei der Nacht in die Mette nach Kathrein! Soviel Christentum hab' ich nicht, aber das sage ich dir doch: wenn du dein Bündel in meinen Buckelkorb tun willst, daß ich es eine Zeitlang trag' und du dich ausrasten kannst, so hast ganz recht,

warum soll der alte Esel nicht auch einmal tragen!“

Damit war ich einverstanden, und während mein Bündel in seinen Korb sank, dachte ich: Der grüne Kilian ist halt doch ein besserer Mensch, als man sagt.

Dann zogen wir wieder los, ich huschte frei und leicht neben ihm her.

„Jaja, die Weihnachten!“ sagte der Kilian. „Da geht's halt drunter und drüber. Da reden sich die Leute in eine Aufregung und Frömmigkeit hinein, die gar nicht wahr ist. Im Grunde ist der Christtag wie jeder andere Tag, nicht ein Knopf anders. Der Reiche, ja, der hat jeden Tag Christtag, unsereiner hat jeden Tag Karfreitag.“

„Der Karfreitag ist auch schön“, war meine Meinung.

„Ja, wer genug Fische und Butter und Eier und Kuchen und Krapfen hat zum Fasten!“ lachte der Kilian.

Mir kam sein Reden etwas heidentümlich vor. Doch was er noch weiter sagte, das verstand ich nicht mehr; denn er hatte angefangen, sehr heftig zu gehen, und ich konnte nicht recht nachkommen. Ich rutschte auf dem glitschigen Schnee mit jedem Schritt ein Stückchen zurück, der Kilian hatte Fußeisen angeschnallt, hatte lange Beine, war nicht abgemattet – da ging's freilich voran.

„Herr Kilian!“ rief ich.

Er hörte es nicht. Der Abstand zwischen uns wurde immer größer, bei Wegbiegungen entschwand er mir manchmal ganz aus den Augen, um nachher wieder in größerer Entfernung, halb schon von Nebeldämmerung verhüllt, aufzutauchen. Jetzt würde mir bang um mein Bündel. Kamen wir ja doch schon dem Höllkogel nahe. Das ist jene Stelle, wo der Weg nach Alpel und der Weg nach Fischbach sich gabeln. Ich fing an zu laufen; im Angesichte der Gefahr war alle Müdigkeit dahin, ich lief wie ein Hündlein und kam ihm näher. Was wollte ich aber anfangen, wenn ich ihn eingeholt hatte, wenn ihm der Wille fehlte, die Sachen herzugeben, und mir die Kraft, sie zu nehmen? Das kann ein schönes Ende werden mit diesem Tage; denn die Sachen lasse ich nicht im Stich, und sollte ich ihm nachlaufen müssen bis hinter den Fischbacher Wald zu seiner Hütte!

Als wir denn beide so merkwürdig schnell vorwärtskamen, holten wir ein Schlittengespann ein, das vor uns mit zwei grauen Ochsen und einem schwarzen Kohlenhändler langsam des Weges schliff. Der Grabler Hansel. Mein grüner Kilian wollte schon an dem Gespann vorüberhuschen, da schrie ich von hinten her aus Leibeskräften: „Hansel! Hansel! Sei so gut, leg mir meine Christtagssachen auf den Schlitten, der Kilian hat sie im Korb, und er soll sie dir geben!"

Mein Geschrei muß wohl sehr angstvoll gewesen sein, denn der Hansel sprang sofort von seinem Schlitten und nahm tatbereite Haltung an. Und wie der Kilian merkte, ich hätte hier einen Bundesgenossen, riß er sich den Korb vom Rücken und schleuderte das Bündel auf den Schlitten. Noch knirschte er etwas von „dummen Bären" und „Undankbarkeit", dann war er aber auch schon davon.

Der Hansel rückte das Bündel zurecht und fragte, ob man sich daraufsetzen dürfe. Das bat ich nicht zu tun.

So tat er's auch nicht, wir setzten uns hübsch nebeneinander auf dem Schlitten, und ich hielt auf dem Schoß sorgfältig mit beiden Händen die Sachen für den Christtag. So

kamen wir endlich nach Alpel. Als wir zur ersten Fresenbrücke gekommen waren, sagte der Hansel zu den Ochsen: „Oha!" und zu mir: „So!" Die Ochsen verstanden und blieben stehen, ich verstand nicht und blieb sitzen. Aber nicht mehr lange, es war ja zum Aussteigen; denn der Hansel mußte links in den Graben hinein und ich rechts den Berg hinauf.

„Dank dir's Gott, Hansel!"

„Ist schon gut, Peterl".

Zur Zeit, da ich mit meiner Last den steilen Berg hinanstieg Richtung Vaterhaus, begann es zu dämmern und zu schneien. Und zuletzt war ich doch daheim.

„Hast alles?" fragte die Mutter am Kochherd mir entgegen.

„Alles!"

„Brav bist. Und hungrig wirst sein."

Beides ließ ich gelten. Sogleich zog die Mutter mir die klingendhart gefrorenen Schuhe von den Füßen, denn ich wollte, daß sie frisch eingefettet würden für den nächtlichen Mettengang. Dann setzte ich mich in der warmen Stube zum Essen.

Aber während des Essens geht es zu Ende mit meiner Erinnerung. – Als ich wieder zu mir kam, lag ich wohlausgeschlafen in meinem warmen Bette, und zum kleinen Fenster herein schien die Morgensonne des Christtages.

Der Schneemann

Hans Christian Andersen

„Es knackt tüchtig in mir, so herrlich kalt ist es!" sagte der Schneemann. „Der Wind kann einem freilich Leben eintreiben. Und wie die Glühende dort glotzt!" – Er meinte die Sonne damit, die eben untergehen wollte. „Sie soll mich nicht zum Blinzeln bringen, ich kann die Brocken schon noch festhalten."

Er hatte nämlich statt Augen zwei große dreieckige Dachziegelbrocken, der Mund war ein Stück einer alten Harke, deshalb hatte er auch Zähne.
Er war unter den Jubelrufen der Knaben geboren, begrüßt von Schellengeläut und Peitschenknall der Schlitten.

„Der Schneemann", Gemälde; A. Hendschel, 1834–1883

Die Sonne ging unter, der Vollmond ging auf, rund und groß, klar und schön in der blauen Luft.

„Da haben wir sie wieder von einer andern Seite!" sagte der Schneemann. Er glaubte, es sei die Sonne, die sich wieder zeigte. „Ich habe ihr das Glotzen abgewöhnt! Nun kann sie dort hängen und leuchten, damit ich mich selber sehen kann. Wüßte ich nur, wie man es macht, um von der Stelle zu kommen! Ich möchte mich gar zu gern bewegen! Wenn ich es könnte, würde ich nun dort unten auf dem Eise hingleiten, wie ich es die Knaben tun sah; aber ich verstehe nichts vom Laufen."

„Weg! Weg!" bellte der alte Kettenhund; er war etwas heiser, das war er geworden, als er Stubenhund war und unter dem Ofen lag. „Die Sonne wird dich schon laufen lehren! Das sah ich bei deinem Vorgänger auch. Weg, weg und weg sind sie alle!"

„Ich verstehe dich nicht, Kamerad!" sagte der Schneemann, „soll die dort oben mich laufen lehren?" Er meinte den Mond; „ja, sie lief freilich vorhin, als ich sie fest ansah, nun schleicht sie von einer anderen Seite heran."

„Du weißt auch gar nichts!" sagte der Kettenhund, „aber du bist ja auch eben erst zusammengeklatscht worden. Was du nun siehst, heißt Mond, das, was fortging, war die Sonne, sie kommt morgen wieder, sie wird dich schon lehren, in den Wallgraben hinabzulaufen. Wir bekommen bald anderes Wetter, das spüre ich in meinem linken Hinterbein, es reißt darin. Das Wetter schlägt um!"

„Ich verstehe ihn nicht", sagte der Schneemann, „aber ich habe das Gefühl, daß es etwas Unangenehmes ist, was er sagt. Sie, die so glotzte und sich dann davonmachte, die Sonne, wie er sie nennt, sie ist auch nicht meine Freundin, das habe ich im Gefühl!"

„Weg! Weg!" bellte der Kettenhund, ging dreimal um sich selbst herum und legte sich dann in seine Hütte, um zu schlafen.

Das Wetter änderte sich wirklich. Dicker, feuchter Nebel lag gegen Morgen über der ganzen Gegend; als es Tag wurde, begann es zu wehen; der Wind war so eisig, der Frost packte ordentlich zu, aber was war das für ein Anblick, als die Sonne aufging! Bäume und Büsche waren mit Raureif bedeckt; es sah aus wie ein Wald von weißen Korallen, es war, als ob alle Zweige mit strahlend weißen Blüten übersät wären. Die unendlich vielen und feinen Verästelungen, die man im Sommer unter all den Blättern nicht sieht, kamen nun alle einzeln hervor; es war ein Spitzengewebe und so leuchtend weiß, als ströme ein weißer Glanz aus jedem Zweige. Die Hängebirke bewegte sich im Winde, es war Leben in ihr wie in allen Bäumen zur Sommerzeit; es war eine unvergleichliche Pracht! Und als dann die Sonne schien, nein, wie funkelte das Ganze, als ob es mit Diamantenstaub überpudert wäre, und auf der Schneedecke des Erdbodens glitzerten die großen Diamanten, oder man konnte auch glauben, daß dort unzählige kleine Lichter brannten, weißer als der weiße Schnee.

„Das ist unvergleichlich schön!" sagte ein junges Mädchen, das mit einem jungen Manne in den Garten trat und gerade beim Schneemann stehenblieb, wo sie die flimmernden Bäume betrachteten. „Einen schöneren Anblick hat man selbst im Sommer nicht!" sagte sie, und ihre Augen strahlten.

„Und so einen Kerl wie diesen hier hat man im Sommer erst recht nicht", sagte der junge Mann und zeigte auf den Schneemann. „Er ist ausgezeichnet!"

Das junge Mädchen lachte, nickte dem Schneemann zu und tanzte mit ihrem Freunde über den Schnee dahin, der unter ihnen knirschte, als gingen sie auf Stärkemehl. „Wer waren die beiden?" fragte der Schneemann den Kettenhund, „du bist länger auf dem Hofe als ich, kennst du sie?"

„Versteht sich!" sagte der Kettenhund. „Sie hat mich ja gestreichelt, und er hat mir einen Knochen gegeben; die beiße ich nicht!"

„Aber was stellen sie hier vor?" fragte der Schneemann.

„Brrr-rautleute!" sagte der Kettenhund. „Sie werden in eine Hütte ziehen und zusammen am Knochen nagen. Weg! Weg!"

„Haben die beiden ebensoviel zu bedeuten wie du und ich?" fragte der Schneemann.

„Sie gehören ja zur Herrschaft!" sagte der Kettenhund, „man weiß wirklich ungemein wenig, wenn man gestern erst geboren ist; das merke ich an dir! Ich habe Alter und Kenntnisse, ich kenne alle hier im Hause! Und ich habe eine Zeit gekannt, wo ich nicht hier in der Kälte und an der Kette lag. Weg! Weg!"

„Die Kälte ist herrlich", sagte der Schneemann. „Erzähle, erzähle! Aber du darfst nicht so mit der Kette rasseln, denn dabei knackt es in mir."

„Weg! Weg!" bellte der Kettenhund. „Ein Hündchen bin ich gewesen, klein und niedlich, sagten sie, damals lag ich in einem Samtstuhl drinnen im Hause, lag im Schoße der obersten Herrschaft; sie küßten mich auf die Schnauze und wischten mir die Pfoten mit einem gestickten Taschentuch ab; ich hieß ‚Schönster‘, ‚Pusselpusselbeinchen‘, aber dann wurde ich ihnen zu groß; sie schenkten mich der Haushälterin; ich kam in die Kellerwohnung! Du kannst hineinsehen von dort aus, wo du stehst; du kannst in die Kammer hinabsehen, wo ich Herrschaft gewesen bin, denn das war ich bei der Haushälterin. Es war ein geringerer Ort als oben, aber hier war es gemütlicher, ich wurde nicht von den Kindern gedrückt und herumgeschleppt wie oben. Ich bekam ebenso gutes Futter wie früher und viel mehr! Ich hatte mein eigenes Kissen, und dann war da ein Ofen, der um diese Zeit das Schönste von der Welt ist! Ich kroch ganz darunter, so daß ich verschwunden war. Ach, von dem Ofen träume ich noch. Weg! Weg!"

„Sieht denn ein Ofen so schön aus?" fragte der Schneemann. „Hat er Ähnlichkeit mit mir?"

„Er ist gerade das Gegenteil von dir! Kohlschwarz ist er, hat einen langen Hals mit Messingtrommel. Er frißt Brennholz, daß ihm das Feuer aus dem Munde sprüht. Man muß sich an seiner Seite halten, ganz nahe oder unter ihm, das ist äußerst angenehm. Du mußt ihn durch das Fenster sehen können, von dort aus, wo du stehst."

Und der Schneemann guckte, und wirklich sah er einen schwarzen, blankpolierten Gegenstand mit Messingtrommel; das Feuer leuchtete unten heraus. Dem Schneemann wurde ganz wunderlich zumute; er hatte ein Gefühl, über das er sich selbst keine Rechenschaft ablegen konnte; es kam etwas über ihn, das er nicht kannte, das aber alle Menschen kennen, wenn sie nicht Schneemänner sind.

„Und warum verließest du sie?" fragte der Schneemann. Er hatte die Empfindung, daß es ein weibliches Wesen sein mußte. „Wie konntest du nur so einen Ort verlassen?"

„Ich bin dazu gezwungen worden!" sagte der Kettenhund. „Sie warfen mich hinaus und legten mich hier an die Kette. Ich hatte den jüngsten Junker ins Bein gebissen, weil er mir den Knochen wegstieß, an dem ich nagte; Knochen um Knochen, denk ich! Aber das nahmen sie übel, und von der Zeit an habe ich an der Kette gelegen und habe meine klare Stimme verloren, höre nur, wie heiser ich bin: Weg! Weg! Das war das Ende vom Liede!"

Der Schneemann hörte nicht mehr zu; er sah immerfort in die Kellerwohnung der Haushälterin, in ihre Stube hinab, wo der Ofen auf seinen vier eisernen Beinen stand und sich in derselben Größe zeigte wie der Schneemann.

„Es knackt so seltsam in mir!" sagte er. „Soll ich niemals dort hineinkommen? Es ist doch ein unschuldiger Wunsch, und unsere unschuldigen Wünsche werden gewiß in Erfüllung gehen. Es ist mein höchster Wunsch, mein einziger Wunsch, und es wäre fast ungerecht, wenn er nicht erfüllt würde. Ich muß dort hinein, ich muß mich an sie lehnen, und wenn ich auch das Fenster zerschlagen sollte!"

„Dort kommst du niemals hinein", sagte der Kettenhund, „und kommst du an den Ofen, dann bis du weg, weg!"

„Ich bin schon so gut wie weg!" sagte der Schneemann, „ich breche zusammen, glaube ich."

Den ganzen Tag stand der Schneemann da und guckte zum Fenster hinein; in der Dämmerstunde wurde die Stube noch einladender;

vom Ofen her leuchtete es so mild, nicht wie der Mond und auch nicht wie die Sonne, nein, wie nur der Ofen leuchten kann, wenn er etwas in sich hat. Ging die Tür auf, so schlug die Flamme heraus, das war so seine Gewohnheit; es glühte ordentlich rot auf in dem weißen Gesicht des Schneemanns, es leuchtete rot über seine Brust.

„Ich halte es nicht mehr aus!" sagte er. „Wie schön es sie kleidet, die Zunge herauszustrecken!"

Die Nacht war sehr lang, aber nicht für den Schneemann, er stand da in seine eigenen schönen Gedanken vertieft, und die froren, daß es knackte.

Am Morgen waren die Kellerfenster zugefroren, sie trugen die schönsten Eisblumen, die nur ein Schneemann verlangen konnte; aber sie verbargen den Ofen. Die Scheiben wollten nicht auftauen; er konnte ,sie' nicht sehen. Es knackte, es knirschte, es war gerade so ein Frostwetter, an dem ein Schneemann seine Freude haben muß, aber er freute sich nicht; er hätte sich so glücklich fühlen können und müssen, aber er war nicht glücklich, er hatte Ofensehnsucht.

„Das ist eine schlimme Krankheit für einen Schneemann", sagte der Kettenhund. „Ich habe auch an der Krankheit gelitten, aber ich habe sie überstanden. Weg! Weg! – Nun bekommen wir anderes Wetter!"

Und es gab anderes Wetter, es gab Tauwetter.

Das Tauwetter nahm zu, der Schneemann nahm ab. Er sagte nichts, er klagte nicht, und das ist das richtige Zeichen.

Eines Morgens brach er zusammen. Es ragte etwas wie ein Besenstiel in die Luft, dort, wo er gestanden hatte, um den Stiel herum hatten die Knaben ihn aufgebaut.

„Nun kann ich das mit seiner Sehnsucht verstehen", sagte der Kettenhund, „der Schneemann hat einen Feuerhaken im Leibe gehabt! Das ist es, was sich in ihm geregt hat, nun ist es überstanden. Weg! Weg!"

Und bald war auch der Winter überstanden.

„Weg! Weg!" bellte der Kettenhund; aber die Mädchen auf dem Hofe sangen:

„Waldmeister grün! Hervor aus dem Haus!
Weide, die wollenen Handschuhe aus!
Lerche und Kuckuck, singt fröhlich drein! –
Frühling im Februar wird es sein!
Ich singe mit: Kuckuck! Quivit!
Komm liebe Sonne, komm oft – quivit!"

Und dann denkt niemand mehr an den Schneemann.

Der Tannenbaum

Hans Christian Andersen

Draußen im Walde stand ein niedlicher Tannenbaum. Er hatte einen guten Platz; Sonne konnte er bekommen, Luft war genug da, und ringsumher wuchsen viele größere Kameraden, Tannen und Fichten. Der kleine Tannenbaum wünschte aber so sehnlich, größer zu werden! Er dachte nicht an die warme Sonne und an die frische Luft, er kümmerte sich nicht um die Bauernkinder, die dort umhergingen und plauderten, wenn sie herausgekommen waren, um Erdbeeren und Himbeeren zu sammeln. Oft kamen sie mit einem ganzen Topf voll oder hatten Erdbeeren auf einen Strohhalm gereiht, dann setzten sie sich neben den kleinen Tannenbaum und sagten: „Nein, wie niedlich klein der ist!" Das mochte der Baum gar nicht hören.

Im folgenden Jahre war er um einen langen Trieb größer, und das Jahr darauf um noch einen, denn an den Tannenbäumen kann man

Kolorierte Lithographie, 2. Hälfte 19. Jh.; H. Grünewald

immer an den vielen Trieben, die sie haben, sehen, wie viele Jahre sie gewachsen sind.

„Oh, wäre ich doch so ein großer Baum wie die andern!" seufzte das kleine Bäumchen; „dann könnte ich meine Zweige so weit umher ausbreiten und mit der Krone in die weite Welt hinausblicken! Die Vögel würden dann Nester in meinen Zweigen bauen, und wenn der Wind wehte, könnte ich so vornehm nicken, grade wie die andern dort!"

Er hatte gar keine Freude am Sonnenschein, an den Vögeln und an den roten Wolken, die morgens und abends über ihn hinsegelten.

War es dann Winter, und der Schnee lag glitzernd weiß ringsumher, so kam häufig ein Hase angesprungen und setzte geradewegs über das Bäumchen weg – oh, das war so ärgerlich! – Aber zwei Winter vergingen, und im dritten war der Baum so groß, daß der Hase um ihn herumlaufen mußte. Oh, wachsen, wachsen, groß und alt werden, das ist doch das einzig Schöne in dieser Welt, dachte der Baum.

Im Herbste kamen immer Holzhauer und fällten einige der größten Bäume; das geschah jedes Jahr, und der junge Tannenbaum, der nun ganz gut gewachsen war, bebte dabei; denn die großen prächtigen Bäume fielen mit Knacken und Krachen zur Erde, die Zweige wurden ihnen abgehauen, die Bäume sahen ganz nackt, lang und schmal aus; sie waren fast nicht mehr zu erkennen. Aber dann wurden sie auf den Wagen gelegt, und Pferde zogen sie davon, aus dem Walde hinaus.

Wo sollten sie hin? Was stand ihnen bevor?

Im Frühjahr, als die Schwalben und Störche kamen, fragte der Baum sie: „Wißt ihr nicht, wohin sie geführt wurden? Seid ihr ihnen nicht begegnet?"

Die Schwalben wußten nichts, aber der Storch sah nachdenklich aus, nickte mit dem Kopfe und sagte: „Ja, ich glaube wohl! Mir begegneten viele neue Schiffe, als ich aus Ägypten geflogen kam; auf den Schiffen waren prächtige Mastbäume. Ich wage zu behaupten, daß sie es waren; sie rochen nach Tanne; ich kann

vielmals grüßen; die tragen den Kopf hoch, sehr hoch!"

„Oh, wäre ich doch auch groß genug, um über das Meer hinfahren zu können! Wie ist das eigentlich, dieses Meer, und wie sieht es aus?"

„Ja, das zu erklären, ist zu weitläufig", sagte der Storch, und damit ging er fort.

„Freue dich deiner Jugend!" sagten die Sonnenstrahlen, „freue dich deines frischen Wachstums, des jungen Lebens, das in dir ist!" Und der Wind küßte den Baum, und der Tau weinte Tränen über ihn; aber das verstand der Tannenbaum nicht.

Als es auf die Weihnachtszeit zuging, wurden ganz junge Bäume gefällt, Bäume, die oft nicht einmal so groß oder im gleichen Alter mit diesem Tannenbaum waren, der weder Rast noch Ruh hatte, sondern immer davonwollte. Diese jungen Bäume, und es waren gerade die allerschönsten, behielten immer ihre Zweige; sie wurden auf Wagen gelegt, und Pferde zogen sie davon, aus dem Walde hinaus.

„Wohin sollen die?" fragte der Tannenbaum. „Sie sind nicht größer als ich, da war sogar einer, der war viel kleiner! Warum behielten sie alle ihre Zweige? Wo fahren sie hin?"

„Das wissen wir! Das wissen wir!" zwitscherten die Sperlinge. „Unten in der Stadt haben wir durch die Fensterscheiben gesehen! Wir wissen, wohin sie fahren! Oh, sie gelangen zur größten Pracht und Herrlichkeit, die man sich nur denken kann! Wir haben in die Fenster geguckt und gesehen, daß sie mitten in der warmen Stube aufgepflanzt und mit den schönsten Sachen, vergoldeten Äpfeln, Honigkuchen, Spielzeug und vielen hundert Lichtern geschmückt werden."

„Und dann –? fragte der Tannenbaum und bebte in allen Zweigen. „Und dann? Was geschieht dann?" „Ja, mehr haben wir nicht gesehen! Das war unvergleichlich."

„Ob ich wohl auch bestimmt bin, diesen strahlenden Weg zu gehen?" jubelte der Tannenbaum. „Das ist noch besser, als über das Meer zu ziehen! Wie leide ich an der Sehnsucht!

Wäre es doch Weihnachten! Nun bin ich groß und ausgewachsen, wie die andern, die im vorigen Jahre fortgeführt wurden! – Oh, wäre ich erst auf dem Wagen! Wäre ich doch in der warmen Stube mit all der Pracht und Herrlichkeit! Und dann –? ja, dann kommt etwas noch Besseres, noch Schöneres, warum würden sie mich sonst so schmücken! Es muß etwas noch Größeres, etwas noch Herrlicheres kommen –! Aber was? Oh, ich leide! Ich sehne mich! Ich weiß selbst nicht, wie mir ist!"

„Freue dich unser!" sagten die Luft und das Sonnenlicht; „freue dich deiner frischen Jugend im Freien!"

Aber er freute sich durchaus nicht und wuchs und wuchs; Winter und Sommer stand er grün, dunkelgrün stand er da; die Leute, die ihn sahen, sagten: „Das ist ein schöner Baum!", und zur Weihnachtszeit wurde er von allen zuerst gefällt. Die Axt hieb tief durch sein Mark; der Baum fiel mit einem Seufzer zu Boden; er fühlte einen Schmerz, eine Ohnmacht; er konnte gar nicht an irgendein Glück denken, er war betrübt, von der Heimat scheiden zu müssen, von dem Fleck, auf dem er emporgeschossen war; er wußte ja, daß er die lieben alten Kameraden, die kleinen Büsche und Blumen ringsumher, nie mehr sehen würde, ja vielleicht nicht einmal die Vögel. Die Abreise war durchaus nicht angenehm.

Der Baum kam erst wieder zu sich selbst, als er, im Hofe mit anderen Bäumen abgeladen, einen Mann sagen hörte: „Der ist prächtig! Wir brauchen nur diesen!"

Nun kamen zwei Diener im vollen Staat und trugen den Tannenbaum in einen großen schönen Saal. Ringsherum an den Wänden hingen Bilder, und neben dem großen Kachelofen standen hohe chinesische Vasen mit Löwen auf den Deckeln; da gab es Schaukelstühle, seidene Sofas, große Tische voller Bilderbücher und Spielzeug für hundertmal hundert Taler – wenigstens sagten das die Kinder. Und der Tannenbaum wurde in ein großes, mit Sand gefülltes Faß gestellt; aber niemand konnte sehen, daß es ein Faß war, denn es wurde rundherum mit grünem Zeug behängt und stand auf einem großen bunten Teppich! Oh, wie der Baum bebte! Was wird nun wohl vorgehen? Die Diener und die Fräulein schmückten ihn; an einen Zweig hängten sie kleine Netze, ausgeschnitten aus farbigem Papier; jedes Netz war mit Zuckerwerk gefüllt; vergoldete Äpfel und Walnüsse hingen herab, als wären sie festgewachsen, und über hundert rote, blaue und weiße Lichterchen wurden in den Zweigen festgesteckt. Puppen, die leibhaftig wie Menschen aussahen – der Baum hatte früher nie solche gesehen – schwebten im Grünen, und hoch oben auf die Spitze wurde ein großer Stern von Flittergold gesetzt; das war prächtig, ganz unvergleichlich prächtig.

„Heut abend", sagten alle, „heut abend wird er strahlen!" „Oh, dachte der Baum, „wäre es doch Abend! Würden nur die Lichter bald angezündet! Und was dann wohl geschieht? Ob da wohl Bäume aus dem Walde kommen und mich sehen? Ob die Sperlinge an die Fensterscheiben fliegen? Ob ich hier festwachse und Winter und Sommer geschmückt stehen werde?" Ja, er wußte gut Bescheid! Aber er hatte ordentlich Borkenschmerzen vor lauter Sehnsucht, und Borkenschmerzen sind für einen Baum ebenso schlimm, wie Kopfschmerzen für uns andere.

Nun wurden die Lichter angezündet. Welcher Glanz! Welche Pracht! Der Baum bebte dabei in allen Zweigen, so daß eins der Lichter das Grün anbrannte; es sengte ordentlich.

„Gott bewahre uns!" schrien die Fräulein und löschten es hastig aus.

Nun durfte der Baum nicht einmal beben, oh, das war ein Schreck! Er hatte Angst, etwas von seinem Schmuck zu verlieren; er war ganz betäubt von all dem Glanze. – Und nun gingen beide Flügeltüren auf – und eine Menge Kinder stürzten herein, als wollten sie den ganzen Baum umwerfen; die älteren Leute kamen bedächtig nach. Die Kleinen standen ganz stumm – aber nur einen Augenblick, dann jubelten sie wieder, daß es nur so schallte; sie tanzten um den Baum herum, und ein Geschenk nach dem anderen wurde abgepflückt.

„Was machen sie?" dachte der Baum. „Was soll geschehen?" Und die Lichter brannten bis dicht an die Zweige herunter, und je nachdem sie niederbrannten, löschte man sie aus, und dann bekamen die Kinder die Erlaubnis, den Baum zu plündern. Oh, sie stürzten sich auf ihn, daß es in allen Zweigen knackte; wäre er nicht mit der Spitze und dem Goldstern an der Decke festgebunden gewesen, so wäre er umgestürzt.

Die Kinder tanzten mit ihrem prächtigen Spielzeug herum, niemand sah nach dem Baum, außer dem alten Kindermädchen, das zwischen die Zweige blickte, aber nur, um zu sehen, ob nicht noch eine Feige oder ein Apfel vergessen worden war.

„Eine Geschichte! Eine Geschichte!" riefen die Kinder und zogen einen kleinen dicken Mann zu dem Baume hin; und er setzte sich gerade unter ihn. „Denn da sind wir im Grünen", sagte er, „und der Baum kann besonderen Nutzen davon haben, zuzuhören! Aber ich erzähle nur eine Geschichte. Wollt ihr die von Ivede-Avede oder die von Klumpe-Dumpe hören, der die Treppen herunterfiel und doch zu Ehren kam und die Prinzessin erhielt?"

„Ivede-Avede!" schrien einige, „Klumpe-Dumpe!" schrien andere, das war ein Rufen und Schreien! Nur der Tannenbaum schwieg ganz still und dachte: „Soll ich gar nicht mit, gar nichts dabei tun?" Er war ja mitgewesen, hatte getan, was er sollte.

Und der Mann erzählte von „Klumpe-Dumpe, der die Treppen herunterfiel und doch zu Ehren kam und die Prinzessin erhielt". Und die Kinder klatschten in die Hände und riefen: „Erzähle, erzähle!" Sie wollten auch die Geschichte von Ivede-Avede hören, aber sie bekamen nur die von Klumpe-Dumpe. Der Tannenbaum stand ganz stumm und gedankenvoll; nie hatten die Vögel im Walde so etwas erzählt. „Klumpe-Dumpe fiel die Treppen herunter und bekam doch die Prinzessin! Ja, ja, so geht es in der Welt zu!" dachte der Tannenbaum und glaubte, daß es wahr sei, weil es ein so netter Mann war, der es erzählte. „Ja, ja! wer kann es wissen! Vielleicht falle ich auch die Treppe hinunter und bekomme eine Prinzessin." Und er freute sich darauf, den nächsten Tag wieder mit Lichtern und Spielzeug, Gold und Früchten angeputzt zu werden.

„Morgen werde ich nicht zittern!" dachte er. „Ich will mich recht aller meiner Herrlichkeit freuen. Morgen werde ich wieder die Geschichte von Klumpe-Dumpe hören und vielleicht auch die von Ivede-Avede." Und der Baum stand still und gedankenvoll die ganze Nacht.

Am Morgen kamen der Diener und das Mädchen herein. „Nun beginnt das Schmücken aufs neue!" dachte der Baum. Aber sie schleppten ihn zur Stube hinaus, die Treppe hinauf auf den Boden, und hier, in einem dunklen Winkel, wo kein Tageslicht schien, stellten sie ihn hin. „Was soll das bedeuten!" dachte der Baum. „Was soll ich hier wohl tun. Was bekomme ich hier wohl zu hören?" Und er lehnte sich an die Mauer und dachte und dachte. – Und er hatte Zeit genug, denn es vergingen Tage und Nächte, niemand kam herauf; und als endlich jemand kam, so geschah es nur, um einige große Kästen in den Winkel zu stellen. Nun stand der Baum ganz versteckt; man mußte glauben, daß er völlig vergessen war.

„Nun ist es Winter draußen!" dachte der Baum. „Die Erde ist hart und mit Schnee bedeckt, die Menschen können mich nicht pflanzen; deshalb soll ich wohl bis zum Frühjahr hier im Schutze stehen! Wie wohlbedacht das ist! Wie gut doch die Menschen sind! – Wäre es hier nur nicht so dunkel und schrecklich einsam! – Nicht einmal ein kleiner Hase! – Es war doch so niedlich da draußen im Walde, wenn der Schnee lag und der Hase vorbeisprang; ja, selbst als er über mich hinwegsprang; aber damals konnte ich es nicht leiden. Hier oben ist es doch schrecklich einsam!"

„Piep, piep!" sagte da eine kleine Maus und huschte hervor; und dann kam noch eine kleine. Sie beschnüffelten den Tannenbaum, und dann schlüpften sie zwischen seine Zweige.

„Es ist eine greuliche Kälte!" sagten die kleinen Mäuse. „Sonst ist es hier gut sein! Nicht wahr, du alter Tannenbaum?"

„Ich bin gar nicht alt!" sagte der Tannenbaum; „es gibt viele, die weit älter sind als ich!"

„Wo kommst du her?" fragten die Mäuse, „und was weißt du?" Sie waren so gewaltig neugierig. „Erzähle uns doch von dem schönsten Ort auf Erden! Bist du dort gewesen? Bist du in der Speisekammer gewesen, wo Käse auf den Brettern liegen und Schinken unter der Decke hängen, wo man auf Talglicht tanzt, mager hineingeht und fett herauskommt?"

„Das kenne ich nicht!" sagte der Baum. „Aber den Wald kenne ich, wo die Sonne scheint und wo die Vögel singen!" Und dann erzählte er alles aus seiner Jugend, und die kleinen Mäuse hatten früher so etwas nie gehört, und sie horchten auf und sagten: „Nein, wieviel du gesehen hast! Wie glücklich du gewesen bist!"

„Ich?" sagte der Tannenbaum und dachte über das nach, was er selbst erzählte. „Ja, es waren im Grunde ganz fröhliche Zeiten!" – Aber dann erzählte er vom Weihnachtsabend, wo er mit Kuchen und Lichtern geschmückt war.

„Oh!" sagten die kleinen Mäuse, „wie glücklich du gewesen bist, du alter Tannenbaum!"

„Ich bin gar nicht alt!" sagte der Baum. „Erst diesen Winter bin ich aus dem Walde gekommen! Ich bin in meinem allerbesten Alter. Ich bin nur so schnell gewachsen."

„Wie schön du erzählst!" sagten die kleinen Mäuse. Und in der nächsten Nacht kamen sie mit vier andern kleinen Mäusen, die sollten den Baum auch erzählen hören, und je mehr er erzählte, desto deutlicher erinnerte er sich selbst an alles und dachte: „Es waren doch ganz fröhliche Zeiten! Aber sie können wiederkommen, noch einmal wiederkommen. Klumpe-Dumpe fiel die Treppen herunter und erhielt doch die Prinzessin; vielleicht kann ich auch eine Prinzessin bekommen!"

Und dann dachte der Tannenbaum an eine kleine niedliche Birke, die draußen im Walde wuchs; das war für den Tannenbaum eine wirkliche schöne Prinzessin.

„Wer ist Klumpe-Dumpe?" fragten die kleinen Mäuse. Und dann erzählte der Tannenbaum das ganze Märchen; er konnte sich jedes einzelnen Wortes entsinnen; und die kleinen Mäuse waren nahe daran, vor lauter Freude bis in die Spitze des Baumes zu springen. In der folgenden Nacht kamen noch viel mehr Mäuse, und am Sonntag sogar zwei Ratten; aber die sagten, die Geschichte sei nicht hübsch, und das betrübte die kleinen Mäuse, denn nun hielten sie auch weniger davon.

„Kennen Sie nur die eine Geschichte?" fragten die Ratten.

„Nur die eine!" sagte der Baum; „die hörte ich an meinem glücklichsten Abend, aber damals dachte ich nicht daran, wie glücklich ich war."

„Das ist eine höchst jämmerliche Geschichte! Kennen Sie keine mit Speck und Talglicht? Keine Speisekammergeschichte?"

„Nein!" sagte der Baum.

„Na, dann bedanken wir uns!" antworteten die Ratten und gingen zu den Ihrigen zurück.

Die kleinen Mäuse blieben zuletzt auch weg, und da seufzte der Baum: „Es war doch ganz hübsch, als sie um mich herum saßen, die flinken kleinen Mäuse, und zuhörten, wie ich erzählte! Nun ist auch das vorbei! – Aber ich werde daran denken, mich zu freuen, wenn ich wieder hervorgeholt werde!"

Aber wann geschah das? – Ja, es war eines Morgens, da kamen Leute und rumorten auf dem Boden; die Kästen wurden weggesetzt, der Baum wurde hervorgezogen; sie warfen ihn freilich ziemlich hart auf den Fußboden, aber ein Diener schleppte ihn sogleich zur Treppe hin, wo das Tageslicht schien.

„Nun beginnt das Leben wieder!" dachte der Baum; er fühlte die frische Luft, den ersten Sonnenstrahl – und nun war er draußen im Hofe. Alles ging so geschwind; der Baum vergaß völlig, sich selbst zu betrachten; da war so vieles ringsumher zu sehen. Der Hof stieß an einen Garten, und alles blühte darin; die Rosen hingen so frisch und duftend über das kleine Gitter, die Lindenbäume blühten, und die Schwalben flogen umher und sagten: „Quirre-virre-vit, mein Mann ist kommen!" aber es war nicht der Tannenbaum, den sie meinten.

„Nun werde ich leben!" jubelte er und breitete seine Zweige weit aus; aber ach, die waren alle vertrocknet und gelb; und er lag da im Winkel zwischen Unkraut und Nesseln. Der Stern von Goldpapier saß noch oben in der Spitze und glänzte im hellen Sonnenschein.

Im Hofe spielten ein paar der munteren Kinder, die zur Weihnachtszeit den Baum umtanzt hatten und so froh über ihn gewesen waren. Eines der kleinsten lief hin und riß den Goldstern ab.

„Sieh, was da noch an dem häßlichen alten Tannenbaum sitzt!" sagte es und trat auf die Zweige, so daß sie unter seinen Stiefeln knackten.

Und der Baum sah auf all die Blumenpracht und Frische im Garten, er sah sich selbst und wünschte, daß er in seinem dunklen Winkel auf dem Boden geblieben wäre; er gedachte seiner frischen Jugend im Walde, des lustigen Weihnachtsabends und der kleinen Mäuse, die so munter die Geschichte von Klumpe-Dumpe angehört hatten.

„Vorbei, vorbei!" sagte der arme Baum. „Hätte ich mich doch gefreut, als ich es noch konnte! Vorbei! Vorbei!"

Und der Knecht kam und hieb den Baum in kleine Stücke; ein ganzes Bündel lag da; hell flackerte es auf unter dem großen Braukessel; und er seufzte so tief, und jeder Seufzer war wie ein kleiner Schuß; darum liefen die Kinder, die dort spielten, herbei und setzten sich vor das Feuer, blickten hinein und riefen: „Piff! Paff!" Aber bei jedem Knall, der ein tiefer Seufzer war, dachte der Baum an einen Sommertag im Walde, oder an eine Winternacht da draußen, wenn die Sterne funkélten; er dachte an den Weihnachtsabend und an Klumpe-Dumpe; das einzige Märchen, das er gehört hatte und zu erzählen wußte, und dann war der Baum verbrannt.

Die Knaben spielten im Hofe, und der kleinste hatte den Goldstern auf der Brust, den der Baum an seinem glücklichsten Abend getragen hatte; nun war er vorbei, und mit dem Baum war es vorbei und mit der Geschichte auch; vorbei, vorbei – und so geht es mit allen Geschichten!

Weihnachtslieder

Weihnachten ohne Gesang – das ist hierzulande fast undenkbar. So verwundert es auch nicht, daß gerade die Deutschen über einen großen Schatz an Liedern zum Fest verfügen. Die meisten der weihnachtlichen Gesänge, die überall zwischen Nordsee und Alpen in den Wochen vor und am 24. Dezember in allen Häusern und Wohnungen erschallen, sind mehrere Jahrhunderte alt. Ursprünglich entstanden viele von ihnen aus einem tiefchristlichen Lebens- und Daseinsgefühl heraus. Zum Teil drückten große Dichter jener Epoche darin ihr Verlangen nach Frieden und christlicher Nächstenliebe aus. Heutzutage ist dieser enge kirchliche Bezug nicht mehr überall vorhanden. Doch noch immer singen die Menschen in unserem Lande die alten Lieder, und noch immer begrüßen sie damit das große Fest des Jahres.

Gemälde von Fra Angelico, 1387–1455

‚Stille Nacht, heilige Nacht'

1. Stille Nacht, heilige Nacht! Alles schläft, einsam wacht nur das traute hochheilige Paar. Holder Knabe im lokkigen Haar, schlaf in himmlischer Ruh', schlaf in himmlischer Ruh'!

Text: J. Mohr (1792–1848) Weise: F. Gruber (1787–1863)

Stille Nacht, heilige Nacht!
Hirten erst kundgemacht;
Durch der Engel Halleluja
Tönt es laut von fern und nah:
Christ, der Retter ist da!
Christ, der Retter ist da!

Stille Nacht, heilige Nacht!
Gottes Sohn, o wie lacht
Lieb aus deinem göttlichen Mund,
Da uns schlägt die rettende Stund,
Christ, in deiner Geburt,
Christ, in deiner Geburt!

Es ist ein Ros' entsprungen

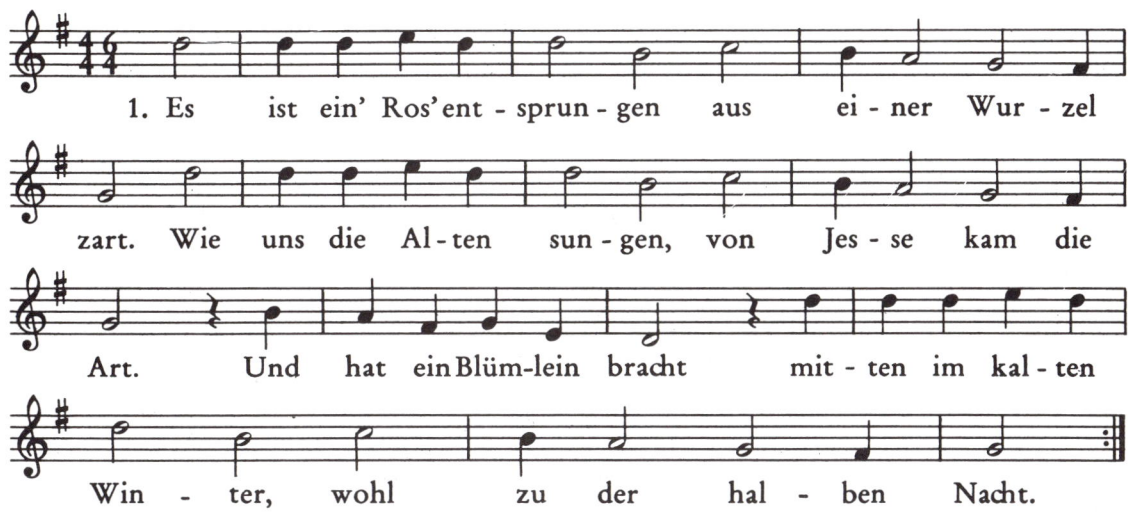

1. Es ist ein' Ros' ent - sprun - gen aus ei - ner Wur - zel zart. Wie uns die Al - ten sun - gen, von Jes - se kam die Art. Und hat ein Blüm-lein bracht mit - ten im kal - ten Win - ter, wohl zu der hal - ben Nacht.

Text: geistl. Dichter, 15. Jahrhundert Weise: 15. Jahrhundert

Das Röslein, das ich meine,
davon Jesajas sagt,
hat uns gebracht alleine
Marie, die reine Magd.
Aus Gottes ew'gem Rat
hat sie ein Kind geboren
wohl zu der halben Nacht.

‚Macht hoch die Tür, die Tor' macht weit'

1. Macht hoch die Tür, die Tor' macht weit! Es kommt der Herr der Herr-lich-keit, ein Kö-nig al - ler Kö - nigreich, ein Hei - land al - ler Welt zu-gleich, der Heil und Le - ben mit sich bringt, der - hal - ben jauchzt, mit Freu - den singt: Ge-lo - bet sei mein Gott, mein Schöp - fer reich von Rat.

Text: G. Weissel (1590–1635) Weise: Halle (1704)

Er ist gerecht, ein Helfer wert,
Sanftmütigkeit ist sein Gefährt,
sein Königskron' ist Heiligkeit,
sein Zepter ist Barmherzigkeit;
all unser Not zum End' er bringt,
derhalben jauchzt, mit Freuden singt:
Gelobet sei mein Gott,
mein Heiland groß von Tat!

Komm, o mein Heiland, Jesus Christ,
mein's Herzens Tür dir offen ist;
ach zeuch mit deiner Gnaden ein,
dein Freundlichkeit auch uns erschein'.
Dein heil'ger Geist uns führ' und leit'
den Weg zur ew'gen Seligkeit,
dem Namen dein, o Herr,
sei ewig Preis und Ehr!

„Anbetung der Hirten und Könige", ‚Brevarium Grimani'

‚Morgen, Kinder, wird's was geben'

1. Mor - gen, Kin - der, wird's was ge - ben, mor - gen wer - den
wir uns freu'n! Welch ein Ju - bel, welch ein Le - ben
wird in un - serm Hau - se sein! Ein - mal wer - den
wir noch wach, hei - ßa, dann ist Weih - nachts - tag!

Text: H. v. Fallersleben (1798–1874) Weise: C. G. Hering (1766–1853)

Wie wird dann die Stube glänzen
von der hellen Lichterzahl,
schöner als bei frohen Tänzen
ein geputzter Kronensaal!
Wißt ihr noch vom vor'gen Jahr,
wie's am heil'gen Abend war?

Welch ein schöner Tag ist morgen!
Neue Freude hoffen wir.
Unsere guten Eltern sorgen
lange, lange schon dafür.
O, gewiß, wer sie nicht ehrt,
ist der ganzen Lust nicht wert!

Was für wunderschöne Sachen
bringt euch dann der Weihnachtsmann!
Eure Freude, euer Lachen
klingt wie Engelsjubel dann.
Dem, der brav und dankbar ist,
lächelt froh der heil'ge Christ.

„Winterlandschaft", Gemälde; Pieter Brueghel d. J., 1564–1638

„Morgen kommt der Weihnachtsmann"

Mor - gen kommt der Weih - nachts - mann, kommt mit sei - nen

Ga - ben. Püpp - chen, Spiel - zeug vie - ler - lei,

ei - ne gro - ße Schä - fe - rei, ei - nen Schlit - ten

und noch mehr möcht ich ger - ne ha - ben.

Text: H. von Fallersleben (1798–1874) Volksweise

Bitte, lieber Weihnachtsmann,
denk an uns und bringe
Äpfel, Nüsse, Plätzchen mir,
Zottelbär und Panthertier,
Roß und Esel, Schaf und Stier,
lauter schöne Dinge.

Doch du weißt ja unsern Wunsch,
kennst ja unsre Herzen.
Kinder, Vater und Mama,
ja sogar der Großpapa,
alle, alle sind wir da,
warten dein mit Schmerzen.

Morgen kommt der Weihnachtsmann,
kommt mit seinen Gaben.
Puppen, Pferdchen, Sang und Spiel
und auch sonst der Freude viel.
Ja, o welch ein Glücksgefühl,
könnt ich alles haben.

‚O du fröhliche‘

1. O du fröh - li - che,____ o du se - li - ge,____
gna - den - brin - gen - de Weih - nachts - zeit!
Welt____ ging ver - lo - ren, Christ ist ge - bo - ren:
Freu - e,____ freu - e dich, o Chri - sten - heit!

Text: J. Falk (1768–1826) Weise: Sizilianisches Volkslied

O du fröhliche, o du selige,
gnadenbringende Weihnachtszeit!
Christ ist erschienen, uns zu versühnen,
Freue, freue dich, o Christenheit.

O du fröhliche, o du selige,
gnadenbringende Weihnachtszeit!
Himmlische Heere jauchzen dir Ehre:
Freue, freue dich, o Christenheit!

'Leise rieselt der Schnee'

Lei - se rie - selt der Schnee,

still und starr liegt der See,

Weih-nachtlich glän-zet der Wald,

freu - e dich, Christkind kommt bald!

Text und Weise: E. Ebel (1839–1905)

Bald ist heilige Nacht,
Chor der Engel erwacht;
hört nur, wie lieblich es schallt:
Freue dich, Christkind kommt bald!

In den Herzen ist's warm,
still schweigt Kummer und Harm,
Sorge des Lebens verhallt:
Freue dich, Christkind kommt bald!

„Ihr Kinderlein, kommet"

1. Ihr Kin - der - lein kom - met, o kom - met doch all', zur Krip - pe her - kom - met in Beth - le - hems Stall, und seht, was in die - ser hoch - hei - li - gen Nacht der Va - ter im Him - mel für Freu - de uns macht.

Text: C. von Schmid (2. Hälfte 19. Jahrhundert) Weise: J. A. P. Schulz (1794)

Da liegt es, das Kindlein, auf
Heu und auf Stroh,
Maria und Joseph betrachten
es froh.
Die redlichen Hirten knie'n
betend davor,
hoch oben schwebt jubelnd
der Engelein Chor.

O beugt wie die Hirten anbe-
tend die Knie;
erhebet die Hände und dan-
ket wie sie!
Stimmt freudig, ihr Kinder,
wer sollt sich nicht freun?
Stimmt freudig zum Jubel der
Engel mit ein!

„Anbetung", Gemälde; Guido Reni, 1575–1642

„O Tannenbaum"

1. O Tannenbaum, o Tannenbaum, wie treu sind deine Blätter! Du grünst nicht nur zur Sommerszeit, nein, auch im Winter, wenn es schneit. O Tannenbaum, o Tannenbaum, wie treu sind deine Blätter!

Text: E. Anschütz (1780–1861) und J. A. Zarnack (1777–1827) Weise: Westfalen um 1800

O Tannenbaum, o Tannenbaum,
du kannst mir sehr gefallen.
Wie oft hat nicht zur Weihnachtszeit
ein Baum von dir mich hoch erfreut!
O Tannenbaum, o Tannenbaum,
du kannst mir sehr gefallen!

O Tannenbaum, o Tannenbaum,
dein Kleid will mich was lehren:
Die Hoffnung und Beständigkeit
gibt Kraft und Trost zu jeder Zeit.
O Tannenbaum, o Tannenbaum,
dein Kleid will mich was lehren.

„Am Weihnachtsabend", Zeichnung um 1850 von A. Kreling

„Kling, Glöckchen, klingelingeling‘

Kling, Glöck-chen, klin-ge-lin-ge-ling, kling, Glöckchen, kling! Laßt mich ein, ihr Kin-der, ist so kalt der Win-ter, öff-net mir die Tü-ren, laßt mich nicht er-frie-ren. Kling, Glöckchen, klin-ge-lin-ge-ling, kling, Glöckchen, kling!

Text und Weise: B. Widmann

Kling, Glöckchen, klingelingeling,
kling, Glöckchen, kling!
Mädchen, hört und Bübchen,
Macht mir auf das Stübchen,
bring euch viele Gaben,
sollt euch daran laben.
Kling, Glöckchen, klingelingeling,
kling Glöckchen, kling!

Kling, Glöckchen, klingelingeling,
kling, Glöckchen, kling!
Hell erglühn die Kerzen,
öffnet mir die Herzen,
daß ich euch erfreue
jeden Tag aufs neue.
Kling, Glöckchen, klingelingeling,
kling, Glöckchen, kling.

„Geburt Christi", spätgotische Stickerei auf einem Meßgewand

𝕬𝖑𝖑𝖊 𝕵𝖆𝖍𝖗𝖊 𝖜𝖎𝖊𝖉𝖊𝖗'

1. Al - le Jah - re wie - der kommt das Chri - stus - kind

auf die Er - de nie - der, wo wir Men-schen sind.

Text: W. Hey (1790–1854) Weise: F. Silcher (1789–1860)

Kehrt mit seinem Segen
ein in jedes Haus,
geht auf allen Wegen
mit uns ein und aus.

Ist auch mir zur Seite
still und unerkannt,
daß es treu mich leite
an der lieben Hand.

„Erscheinung der Engel bei den Hirten", Miniatur aus dem ‚Hartus Deliciarum', 12. Jahrhundert

„Krönung Mariä", Fra Angelico, 1387–1455, Detail Musizierende Engel

Basteln und Handarbeiten

Weihnachtsgeschenke für Eltern und Geschwister

Weihnachten – das Fest des Gebens. Das gilt nicht nur für die Erwachsenen. Auch die Kleinen und ganz Kleinen können sich aktiv daran beteiligen, können anderen mit eigenen Werken eine Freude bereiten. Es kommt ja gar nicht darauf an, daß das Geschenk aufwendig, teuer, groß oder einzigartig ist. Allein die Mühe und Liebe, mit der es hergestellt worden ist, zählt. Oft kommen die Kinder mit eigenen Ideen, bereiten in aller Heimlichkeit eine Überraschung vor. Manchmal jedoch bedarf es eines kleinen Anstoßes. Warum ermutigen Sie in einem solchen Fall nicht die kleine Tochter oder den kleinen Sohn zu einer der folgenden Weihnachtsbasteleien? Sie werden erstaunt sein, was dabei herauskommt – und gleichzeitig verschaffen sie Ihrem Nachwuchs das sichere Gefühl, seinen Teil zum Fest beigetragen zu haben.

Mobiles

Diese zerbrechlichen Gebilde eignen sich vorzüglich für flinke, kleine Hände. Nicht nur, daß man lernt, sehr sorgsam mit dem feinen Material umzugehen, man muß auch ein kompliziert zusammenhängendes Kunstwerk sorgsam ausbalancieren. Alles, was man dazu benötigt, sind jede Art von Stöckchen oder Stäbchen, dünne Fäden und die gewünschten Gebilde, die später gleichsam durch das Zimmer schweben sollen. Peddigrohr zum Beispiel, aber auch Strohhalme eignen sich vorzüglich für die Aufhängung, jedoch ebenfalls stabiler Draht oder ganz einfach „Stöcke aus dem Wald". An jedem Ende eines dieser Träger hängt man mit Woll- oder Nylonfaden in verschiedener Länge Strohsterne, Filzsterne, Pappfiguren oder irgend ein anderes schönes Objekt auf. Da diese verschieden schwer sind, muß man den Schwerpunkt der „Waage" erst durch Versuche herausbekommen.

An diesem Punkt befestigt man einen Faden, der wiederum am Ende eines Trägers befestigt wird. An dessen anderem Ende hängt gleichfalls wieder ein waagerechtes, sich im Gleichgewicht befindliches Stäbchen mit zwei Anhängseln. Immer verschachtelter wird das Mobile, wenn man auf diese Weise fortfährt. Lassen Sie der Phantasie Ihrer Kinder freien Lauf – auch Tannenzapfen und Blätter, einfach zu beschaffen, machen sich hervorragend an dem Mobile aus. Und schon ist das Weihnachtsgeschenk für Oma, Opa oder Tante fertig!

Eierschalenbilder

Wer hat sie nicht schon einmal im Museum, in einer alten Kirche oder einem Palast gesehen, die herrlichen Mosaiken, die eine ganz eigene Wirkung beim Betrachter erzeugen? Es ist gar nicht schwer, solche Kunstwerke selbst herzustellen. Sie benötigen nicht einmal einen Steinbruch dazu – Ihre Rohstoffe beziehen Sie nämlich vom lieben Federvieh. Fangen Sie am besten jetzt schon an, Eierschalen zu sammeln. Diese färben Sie dann mit Kinder- oder Lebensmittelfarben bunt ein, zerbrechen sie in kleine Stücke und ordnen sie grob nach Formen und Farben. Je nach Wunsch können Sie den Kleinen ein Motiv auf Karton vorzeichnen (zum Beispiel einen Fisch oder ein Haus) oder die Kinder es selbst versuchen lassen. Mit Tapetenkleister oder einem anderen ungefährlichen Klebstoff brauchen diese nur noch das Mosaik zu gestalten. „Nur noch"? Gerade jetzt zeigt sich, wie frei die Kleinen künstlerisch tätig sind, mit wieviel Spaß und Ehrgeiz sie versuchen, Mosaiken zu legen, die noch schöner sind als alles, was sie bisher gesehen haben.

Hampelmann

Etwas älter muß schon der sein, der sich an den hampelnden und strampelnden Weihnachtsmann heranwagt. Dieser muntere Wicht stellt ein ideales Weihnachtsgeschenk des größeren Bruders an kleinere Geschwister dar. Er ist aus dünnem Sperrholz und hat etwa DIN-A4-Format. Sie benötigen rund acht Stunden zur Herstellung.

Material:
Dünnes Sperrholz, ca. 2 mm stark, Größe etwa DIN A4; Plaka-Weiß und mehrere Plaka-Buntfarben; Plaka-Lack; 60 cm dünne Schnur; 6 kleine Perlen; 6 Nieten oder Musterklammern; Transparentpapier; Kohlepapier; Laubsäge; kleiner Bohrer; Schmirgelpapier.

Arbeitsanleitung:
Die Figuren von der Schemazeichnung auf Transparentpapier durchzeichnen. Diese Zeichnungen mit dem Kohlepapier auf das Sperrholz durchpausen. Die Teile sorgfältig mit der Laubsäge aussägen. Die Kanten mit Schmirgelpapier glätten. Alle Seiten mit Pla-

farben anstreichen. Nachdem die Farben gut getrocknet sind, alle Teile mit Plaka-Lack lackieren. Bei den .- und o-Zeichen Löcher in das Holz bohren; die o-Zeichen für die Nieten größer ausbohren, die kleinen .-Zeichen sind für das Durchführen der Schnüre. Das rechte und das linke Bein sowie den Rucksack und den Arm mit dem Tannenbaum jeweils mit etwa 13 cm langer Schnur verbinden: Die Schnur durch die bemalte Seite durch das kleine Loch stecken, auf jedes Ende eine Perle fädeln und das Ende verknoten. Den Fuß am Bein festnieten, alle anderen Teile am Körper mit den Nieten oder Musterklammern befestigen. Das Ende eines 20 cm langen Schnurstücks mit der Schnur, die den Arm mit dem Rucksack verbindet, verknoten. Die Mitte des langen Schnurstücks mit der Schnur verknoten, die die Beine verbindet. Auf das Ende eine große Perle fädeln und das Schnurende verknoten. Damit man den Hampelmann aufhängen kann, durch das kleine Loch in der Mütze 12 cm Schnur fädeln und zu einer Schlaufe verknoten. Aufpassen, daß er nicht heimlich mit Riesenschritten davonläuft!

ka-Weiß grundieren. Gut trocknen lassen. Dann die inneren Linien (zum Beispiel Teddybär, Augen, Ball) auf das grundierte Holz übertragen und die Flächen mit Plaka-Bunt-

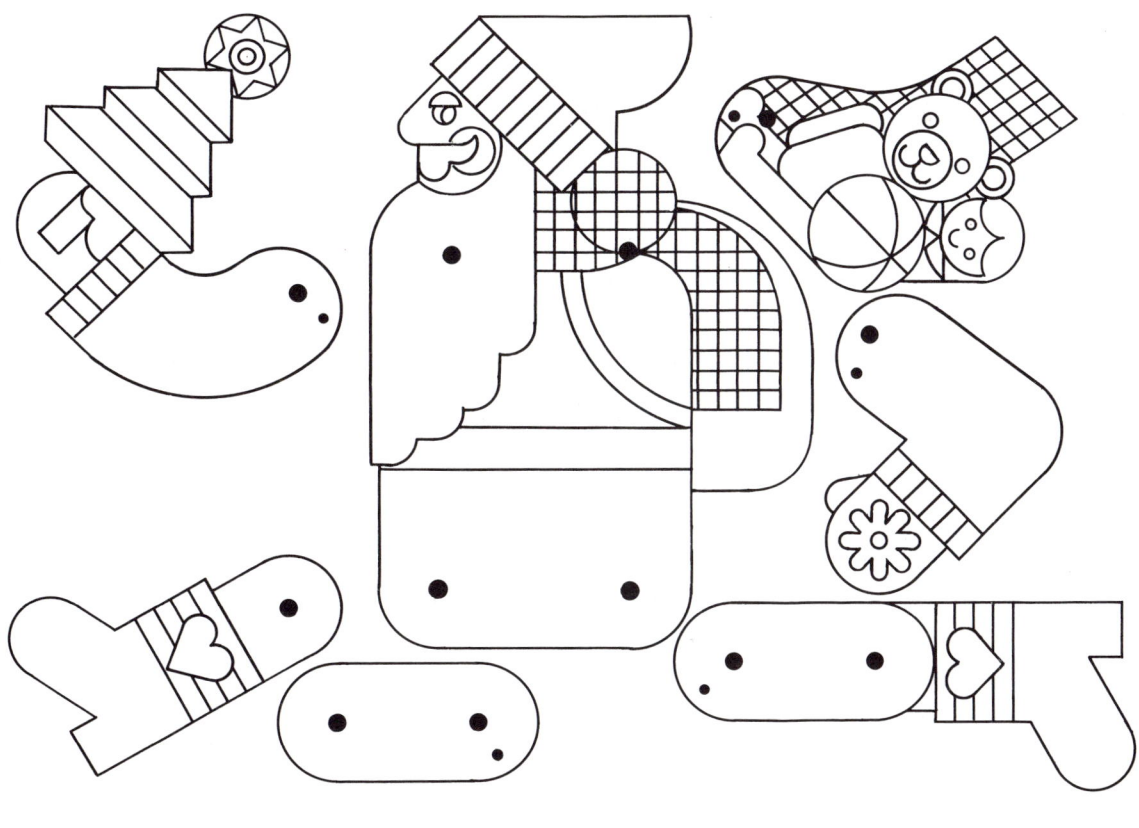

Stoffe

Stoffe – verschiedene Reste, billig erworbene Sonderangebote – können als Basis für eine schier unüberschaubare Auswahl weihnachtlicher Handarbeiten dienen. Selbst wenn Sie am Anfang noch Bedenken haben sollten, ob Ihre Fähigkeiten mit Nadel, Faden und Stoff für die selbstgesteckte Aufgabe ausreichen, so werden Sie im Laufe der Arbeit merken, daß Sie immer sicherer werden. Wichtig ist vor allem, daß Sie sich vor Beginn Ihres Unterfangens einen Plan machen und sich später daran halten. Dadurch wird auch die scheinbar schwierige Aufgabe übersichtlich und vertraut. Aus der Vielfalt der Möglichkeiten, mit Stoff ein Weihnachtsgeschenk selber herzustellen, haben wir einige wenige ausgesucht, um Ihnen eine Idee von der ganzen Variationsbreite des Wählbaren zu geben.

Patchwork

Amerikanische Auswandererfrauen entwickelten Patchwork – wörtlich übersetzt „Flickarbeit" – zu einer wahren Kunstform. In einer Zeit lebend, in der auch die geringsten Stoffreste wieder verwandt werden mußten, machten sie aus der Not eine Tugend. So werden sie denn auch als die eigentlichen Urheberinnen dieser Technik angesehen – selbst wenn man bereits 3000 Jahre alte Patchworkstücke in Ägypten gefunden hat und auch in Europa derartige Techniken bereits im Mittelalter bekannt waren. Doch die Arbeitsweise geriet später in Vergessenheit und wurde erst wieder in Amerika zu neuer Blüte geführt.

Für Patchwork-Arbeiten eignen sich besonders gut Baumwollstoffe, Halbleinen und Kretone. Zweierlei Techniken der Verarbeitung wurden entwickelt. Einmal kann man Schnittmuster der verschiedenen Teile aus Papier zuschneiden, dann die Stoffteile sorgfältig nach den aufgesteckten Schablonen anfertigen. Die einzelnen Stoffteile zusammenstecken oder heften und mit einfachen Maschinennähten oder Steppnähten verbinden. Diese Technik eignet sich jedoch nur für einfache, gradlinige Formen. Für kompliziertere Arbeiten müssen die einzelnen Teile zunächst als Pappschablone hergestellt werden. Der Umriß einer Form wird auf Pappe aufgezeichnet und dann derselbe Umriß in 1 Zentimeter Abstand weiter außen noch einmal nachgezeichnet. Darauf schneidet man die Pappschablonen – eine mit Rand, eine ohne – aus. Die größere von beiden Schablonen wird auf den Stoff gelegt und dieser dann entsprechend der Umrißlinie ausgeschnitten. Dann legt man das Stoffstück auf die kleinere der beiden Schablonen, zieht den Stoffrand um die Pappe herum und heftet ihn an. Daraufhin legt man die einzelnen Stücke zusammen und näht die Ränder mit überwendlichen Stichen zusammen. Nun entfernt man die Heftfäden und die Pappschablonen werden herausgenommen. Will man der Patchwork mehr Stabilität verleihen, kann man sie füttern. Als Füllung eignen sich Dralonwatte, Kapok- oder Schafwollvlies oder Steppdeckenfüllungen.

Stoffrestekissen

Weihnachtskissen aus kleinen bunten Stoffresten sind einfache Geschenke, die große Freude bereiten können. Als Material für die Applikation benötigen Sie Baumwollstoffreste in bunten Farben und kleinen Mustern, unifarbene Baumwollstoffe für den Untergrund, Sticktwist und farbige Nähseide.

Bevor Sie mit der Arbeit beginnen, ordnen Sie sich ihre Stoffreste nach Farben und Mustern. Damit die Kissen nicht allzu bunt werden, haben wir in unserem Beispiel jeweils eine begrenzte Farbskala gewählt, zum Beispiel Gelb-Blau-Töne, Rosa-Hellblau-Töne, oder Rot-Grün-Töne (siehe Farbbild). Übertragen Sie sich nun die Motive nach unserer Schemazeichnung in Originalgröße auf festes Papier und schneiden Sie sich jedes Papierteil aus. Die kleinen Schnitteile werden nun in dem passenden Stoff zugeschnitten und auf den Kissenuntergrund gelegt. Haben Sie alle Einzelteile zugeschnitten und zusammengelegt, so prüfen Sie noch einmal, ob Ihre Farb- und Stoffverteilung harmonisch ist. Heften Sie nun alles auf den Stoff und nähen Sie die Teile in der passenden Garnfarbe mit Zickzackstichen auf. Sticken Sie nun Augen, Mund und Nase in der passenden Farbe. Daraufhin Vorder- und Rückseite der Kissen verstürzen und eine Öffnung für die Füllung lassen. Die Kissen mit waschmaschinenfester „Zauberwatte" füllen und zum Schluß die Öffnung mit kleinen Handstichen schließen.

Bilder aus Stoff

Stoffe eignen sich auch vorzüglich, um allerlei originelle Bildwerke damit herzustellen. So zum Beispiel einen **Adventskalender:** Als Material benötigen Sie bunte und einfarbige Baumwollreste, 75 x 90 cm Nessel, 40 x 80 cm aufbügelbare Vliesline; Nähgarn in den pas-

=5cm

senden Farben; 24 Knöpfe, 14 mm Durchmesser; Porzellanfarbe; Haken.

Der fertige Adventskalender ist 68 x 72 cm groß. Um die Hausvorlage (siehe Zeichnung) herum ist ein Rasterrahmen gezeichnet. Diese Linien vom Raster mit rotem Kugelschreiber über das Bild durchziehen. Danach von dem Bild mit Raster einen originalgroßen Schnitt anfertigen. Auf Zeichenpapier ein Raster mit 5 x 5 cm großen Karos anlegen. In diese Karos die Konturen des Motivs sorgfältig übertragen.

Für die Rückseite des Kalenders ein 70 x 74 cm großes Stück aus Nessel zuschneiden; darin sind 1 cm breite Nahtzugaben enthalten. Dann die einzelnen Teile des Adventskalenders aus den Stoffresten zuschneiden, danach die Figuren entsprechend den originalgroßen Vorlagen (siehe Zeichnung) ausschneiden. Zuerst den Hintergrund – den Himmel, den Schnee, den Weg – entsprechend dem Farbfoto zusammensteppen. Die Teile auf den Nessel stecken und den Außenrand verstürzen. Die seitlichen Kanten vom Haus 1 cm breit einkippen, und das Haus knappkantig auf den Hintergrund steppen. Die Kanten der Zierstreifen ebenfalls knappkantig aufsteppen. Die blauen Fensterläden mit bunten Stoffresten verstürzen; dabei an jeder rechten Fenstermitte eine 8 mm breite bunte Stoffschlaufe zwischenfassen. Bei der großen Tür und den Dachluken die Rundungen mit verstürzen, und nur die geraden seitlichen Kanten noch offenlassen. Hier ebenfalls Schlaufen zwischenschieben. Jetzt alle Fenster, Dachluken und Türen auf dem Haus einzeichnen. Den Stoff in der entsprechenden Größe einschneiden, die Kanten nach innen umkippen, die seitlichen Kanten von Fenster, Luken und Türen einschieben und die Kanten knappkantig feststeppen. Die untere Schneelandschaft über das Haus legen und die Kante mit schmalen, engen Zickzackstichen kanteln. An den oberen Ecken des Adventskalenders 1 cm breite Stoffschlaufen befestigen. Die Knöpfe annähen, danach erst die Zahlen mit Porzellanfarbe aufmalen, sie könnten sonst allzu leicht verdrehen. Bunte Herzchen aus Stoff ausschneiden und mit Bastelkleber auf die Türen kleben.

Unter den Oberstoff Vlieseline bügeln, danach eine zweite Stoffschicht darunterlegen. Die Umrisse vom jeweiligen Motiv (Zeichnung) auf den Stoff zeichnen und mit schmalen, engen Zickzackstichen kanteln. Danach den überstehenden Stoff neben der Kantellinie wegschneiden. Bei einigen Figuren verschiedene Stoffreste aufkanteln oder Muster

Die Motive für die Fenster
des Adventskalenders die-
nen als Vorlage, die Farb-
kompositionen lassen sich
entsprechend dem eigenen
Geschmack variieren.

=5cm

einsticken. Der Engel hat aufgeklebten Gold-
flitter im Haar und am Kleidersaum. Die
Figuren mit Haken und Ösen in die Fenster,
die Luken und die Tür hängen.

Eine andere Bastelmöglichkeit stellt die

„Winterlandschaft"

dar, ein zartes Stoffgemälde aus der Altklei-
derkiste. Als Material benötigen Sie eine
Sperrholzplatte, 42 x 52 cm groß und 15 mm
dick, dazu dunkelbraun gebeizte Holzleisten
als Bilderrahmen, 11 x 15 mm stark und
entsprechend lang; Reste aus Wollstoffen und
Stricksachen, Jeansstoff und Kordsamt; Reißnägel.
Das fertige Stickbild ist 42 x 52 cm groß; um
die Vorlage (siehe Zeichnung) ist ein Raster-

rahmen gezeichnet. Diese Linien vom Raster
mit rotem Kugelschreiber über die Vorlage
hinweg durchziehen. Danach von der Vorlage
mit dem Raster einen originalgroßen Schnitt
anfertigen. Auf Zeichenpapier ein Raster mit
5 x 5 cm großen Karos anlegen. In diese Karos
die Konturen des Motivs sorgfältig übertragen.
Die einzelnen Motive aus den verschiedenen
Kleidungsstücken zuschneiden, dabei nur an
den unterliegenden Teilen etwa 2 cm breite
Nahtzugaben zugeben. Mit der oberen Bild-
hälfte beginnen. Alle Teile mit farblich pas-
sendem Garn mit überwendlichen Stichen
aufnähen. Die Teile aus dem Strickstoff mit
schmalen Nahtzugaben zuschneiden und die
Kanten vor dem Aufnähen schmal einkippen.
Die Gesichter sticken und die Hundeleine im
Kettenstich aufsticken. Das Stoffbild über die

Sperrholzplatte spannen und die Stoffkanten auf der Rückseite mit Reißnägeln befestigen. Die Holzleisten um das Stoffbild nageln.

Genähte Puppenmöbel

Selbst Puppenmöbel für Ihre Kinder lassen sich aus Stoffresten ohne weiteres anfertigen. Als Material benötigen Sie dazu Schaumstoffteile; Stoffreste; 20 cm Acrylvlies; 7 kleine blaue Knöpfe, 1 runder Knopf; 6 kleine und 4 große Holzperlen; Metallhäkchen.

Die Schaumstoffstücke (siehe Zeichnung) haben folgende Abmessungen. 6 cm starke Stücke: 14 x 10 cm für den Unterschrank; 7,5 x 10 cm für den Herd; 7,5 x 6 cm für die Waschmaschine; den Stuhl nach der Zeichnung ebenfalls aus 6 cm starkem Schaumstoff zuschneiden lassen. 2 cm starke Stücke: 10 x 12,5 cm für die Tischplatte; 6 x 6 cm für den

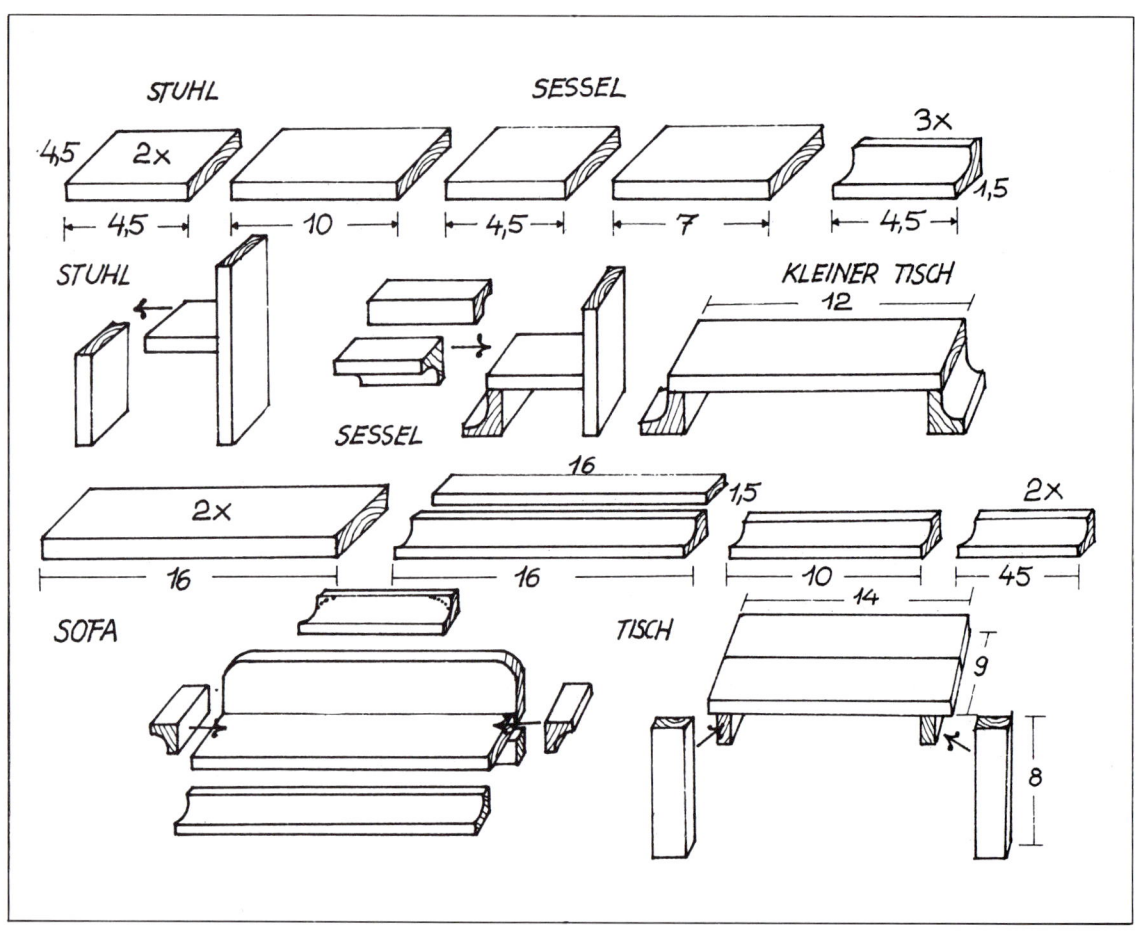

STUHL   SESSEL

4,5   2×   3×

4,5   10   4,5   7   4,5   1,5

STUHL   KLEINER TISCH

12

SESSEL

16   2×   16   1,5   2×

16   16   10   45

SOFA   TISCH   14

9

8

Hocker. 5 cm starke Stücke: 14 x 7 cm für den Hängeschrank. 1 cm starke Stücke: 8 x 3,5 cm für das Wandbord.

Die Karostoffteile auf die Schrankvorderseiten mit Zickzackstichen aufnähen, und die Applikationen an Herd und Waschmaschine ausführen. Die Schaumstoffteile beziehen und an Herd und Waschmaschine Knöpfe annähen. Am Küchenschrank Holzperlen annähen. Für die Tischbeine 4 Vliesstreifen in der Größe 7 x 13 cm sehr fest zusammenrollen und mit Stoff beziehen. Als Beinabschluß ein rundes Stoffstück gegennähen und die Beine an der Tischplatte festnähen. Die Beine für die Stühle und den Hocker in gleicher Weise arbeiten (Maße der Vliesstreifen: 4,5 x 12 cm). Das Sofa noch zusätzlich mit Vliesstoff polstern. Dafür 2 Teile nach dem Schnitt für den Schaumstoffzuschnitt und ein Vliesteil in der Größe 14 x 17 cm verwenden. Das Sofa mit Stoff beziehen und 4 dicke rote Holzperlen aufnähen.

Fäden, Garn und Wolle

Sticken, Häkeln und Stricken gehören schon seit langem zu jenen Arbeiten, mit denen der weihnachtliche Gabentisch gefüllt wird. Die Fachgeschäfte bieten Ihnen eine große Auswahl an Vorlagen und Ideen, die Sie für Ihre festliche Überraschung benutzen können. Von Pullovern über Häkeltaschen bis hin zu Hohlsaumtischdecken finden Sie dort alles in Form von Vorlagen, was Sie benötigen. Wir haben uns aus diesem Grunde darauf beschränkt, als Anregung aus dem Rahmen fallende Muster vorzustellen, um auf diese Weise zu zeigen, wie weit die Möglichkeiten hier gestreut sind.

Stickbild

Als Material benötigen Sie circa 30 x 30 cm weiße Honanseide, 90 cm breit, 40 x 30 cm blauen Satin und je 1 Docke Sticktwist von MEZ in den Farben: 7 Blautöne Nr. 0120, Nr. 0848, Nr. 0161, Nr. 0158, Nr. 0160, Nr. 0162 und Nr. 0169, Weiß Nr. 0402, Schwarz Nr. 0403, Gelb Nr. 0306, Orange Nr. 0316, Beige Nr. 0373, Braun Nr. 0358, Dunkelbraun Nr. 0381, Oliv Nr. 0262, Dunkelgrün Nr. 0246, Hellgrün Nr. 0261, Rot Nr. 046 und Türkis Nr. 0187, 1 Stickrahmen, Transparentpapier, blaues Kohlepapier, Fixativ-Spray.
Das Bild (Zeichnung) auf Transparentpapier durchzeichnen, diese Zeichnung auf die Honanseide legen, das blaue Kohlepapier dazwischenschieben und alles zusammen befestigen. Mit einem Kugelschreiber alle Linien sorgfältig nachziehen. Transparent- und Koh-

lepapier abnehmen und die Linien auf dem Stoff mit Fixativ-Spray besprühen, damit die Linien beim Sticken nicht verwischen. Den Stoff in den Stickrahmen spannen und das Bild nach dem Farbfoto arbeiten. Mit geteiltem Faden (2fädig) die Flächen im Plattstich (bis auf den Himmel) und die Linien im Stielstich aussticken. Die Farben, den Farbnummern auf der Zeichnung entsprechend, sticken. Die Eisfläche und die beiden Flächen hinter den kleinen Tannenbäumen gemischt aussticken, d. h. 1 Fädchen weiß mit 1 Fädchen des entsprechenden Blautones zusammen verwenden.

Ebenso wird das gelbliche Gras im Vordergrund gemischt, im Spannstich gestickt. Dafür 1 Fädchen gelb und 1 Fädchen hellgrün zusammen nehmen. Nachdem alles ausgestickt ist, den weißen Stoff rundherum einbiegen und mit unsichtbaren Stichen auf den blauen

Satin nähen, auf den vorher der Himmel mit hellem Kohlepapier gezeichnet wurde. Das ganze Bild mit einer Linie im Stielstich (auch den Himmel) umranden und die Sterne mit gelbem Sticktwist mit kleinen Spannstichen sticken.

Strickbild

Für die „Katze am Fenster" benötigen Sie 100 Gramm grüne Wolle; 50 Gramm braune Tweedwolle; 50 Gramm naturweiße Angorawolle; 100 Gramm dunkelbraune Strumpfwolle und Wollreste in Grün, Rosa und Rostbraun; Stricknadeln Nr. 3 und Nr. 5. Außerdem eine Sperrholzplatte, 58 x 54 cm groß und 15 mm dick; 75 cm dunkelbraun gemusterten Baumwollstoff, 90 cm breit; Reißnägel.
Das fertige Strickbild ist 58 x 54 cm groß. Um

= 5 cm

die Vorlage ist ein Rasterrahmen gezeichnet. Diese Linien vom Raster mit rotem Kugelschreiber über das Bild auf dem Bastelbogen durchziehen. Danach von der Vorlage mit dem Raster einen originalgroßen Schnitt anfertigen. Auf Zeichenpapier ein Raster mit 5 x 5 cm großen Karos anlegen. In diese Karos die Konturen des Motivs sorgfältig übertragen.

Der Fensterrahmen

Grundmuster:
Kraus rechts (Hinr. re., Rückr. re.)
Anleitung:
120 M. (Maschen) mit Nadel Nr. 3 und grüner Wolle anschlagen und im Grundmuster strikken. Nach 8 cm die M. abketten (Fensterbank). Für den äußeren Rahmen 3 M. anschlagen und jeweils an einer Seite für die Schrägung nach der Randm. 1 Umschl. aufnehmen und diesen in der Rückr. re. verschränkt abstricken. Im Grundmuster nach diesem Prinzip arbeiten, bis 12 M. auf der Nadel sind. Nach 34 cm an der gleichen Seite in jeder 2. R. (Reihe) je 1 M. abketten. Dieses Teil noch einmal gegengleich stricken, außerdem 2 Streifen mit derselben Schrägung und einer inneren Kantenlänge von 48 cm. Für die Fensterkreuze noch 2 Streifen von 34 cm Länge und 1 Streifen von 48 cm Länge über 5 M. im Grundmuster stricken.

Fenster

Grundmuster:
Glatt rechts (Hinr. re., Rückr. li.)

Anleitung:
36 M. mit Nadel Nr. 3 und brauner Wolle anschlagen und im Grundmuster 15 cm gerade hochstricken. Die M. abketten. Dieses Teil insge. 6mal arbeiten.

Blumentopf

Grundmuster I:
Glatt rechts (Hinr. re., Rückr. li.)

Grundmuster II:
Kraus rechts (Hinr. re., Rückr. re.)

Anleitung:
Für den Topf 11 M. mit Nadel Nr. 3 in Rotbraun herausstricken und im Grundmuster bis 8 cm Höhe stricken, dabei für die Schrägung in jeder 4 R. beidseitig je 1 M. zunehmen. Anschließend noch 2,5 cm kraus rechts stricken. Die M. abketten.
Für die Blüte 7 M. in Rosa anschlagen und im Grundmuster II stricken. Für die Rundung in jeder 2. Reihe beidseitig 1 M. zunehmen (14 R.). Dann ca. 3 cm gerade hochstricken. Die M. in 3 gleiche Teile teilen (je 7 M.) und getrennt beenden (für die Blütenblätter), d. h. in jeder 2. Reihe beidseitig je 1 M. abketten.
Die Blätter werden in verschiedenen Grüntönen in unterschiedlichen Breiten gestrickt. 17 M. anschlagen und im Grundmuster II 2 cm, 3 cm oder 4 cm hoch stricken. An einer Seite dabei für die Rundung 1 M. oder 2 M. bis zur Hälfte zunehmen und diese dann wieder abketten. In dieser Art vier verschiedene Blätter arbeiten.

Katze

Grundmuster:
Kraus rechts (Hinr. re., Rückr. re.)

Anleitung:
Mit der Pfote beginnend den Körper arbeiten. Dafür 6 M. mit 4facher naturweißer Angorawolle und Nadeln Nr. 5 anschlagen und im

Grundmuster arbeiten. **2. + 4. R.** (Reihe) am Anfang und Ende jeder R. 1 M. zunehmen. **17. R.:** mit brauner Tweedwolle str. **18. + 19. R.:** weiß. **20. R.:** braun. **21.–24. R.:** weiß. **25. + 26. R.:** braun und am Anfang der 25. R. 1 M. zunehmen. **27.–29. R.:** weiß und am Anfang der 27. + 29. R. 1 M. zunehmen. **30. R.:** braun. **31. + 32. R.:** weiß und am Anfang der 31. R. 1 M. zunehmen. **33. + 34. R.:** braun und am Anfang der 33. R. 1 M. zunehmen. **35. + 36. R.:** weiß und am Anfang der 35. R. 1 M. zunehmen und am Ende der 36. R. 6 M. neu anschl. **37.–39. R.:** braun. **40.–42. R.:** weiß. **42.–45. R.:** braun. **46. + 47. R.:** weiß. Von der 48. R. an 2x im Wechsel 6 R. braun und 2. R. weiß. **64.–66. R.:** braun. **67. R.:** mit brauner Wolle 15 M. str., das Strickteil wenden und die Rückreihe über 15 M. str. Die folgenden 3 R. ebenfalls mit brauner Wolle str. und danach 2 R. weiß arbeiten, dabei am Anfang der 73. R. eine Masche neu aufnehmen. Den Vorgang wie von der 64. R. an beschrieben noch 2mal wiederholen. **87., 89. + 91. R.:** Am Anfang 1 M. abn. **93., 95. + 97 R.:** Am Anfang der R. 2 M. abketten. **99. + 100. R.:** 3 M. abketten. Von jetzt an nur noch mit brauner Wolle weiterstricken. **101. R.:** 6 M. abketten. Über die restlichen Maschen 62 R. für den Schwanz arbeiten, dann am Anfang jeder R. 1 M. abnehmen, bis alle Maschen verstrickt sind. Die 2. Pfote wie vorher beschrieben arbeiten, jedoch nach der 20. R. noch 6 braune R. stricken und dann abketten.

Für das untere Kopfteil 16 M. mit 4facher weißer Wolle anschlagen. In der 2., 4., 6. + 10. R. je 1 M. zu beiden Seiten zunehmen. Nach der 18. R. das Strickteil über beide Hälften getrennt arbeiten und dabei am Rand der Mitte eine M. abnehmen und dies in jeder 4. R. noch 2mal wiederholen, anschließend alle M. abketten. Die 2. Hälfte gegengleich arbeiten. Das obere Kopfteil wird quer gearbeitet. Dafür 3 M. mit weißer Wolle anschl. und am Ende jeder 2. R. eine M. zunehmen. **5. R.:** 3 M. weiß, restl. M. braun stricken. **6.–8. R.:** weiß. **9. R.:** 5 M. braun, restl. M. weiß str. **10. R.:** 3 M. weiß, restl. M. braun str. **11. + 12. R.:** weiß. **13. R.:** 4 M. weiß, restl. M. braun str. **14. R.:** 6 M. braun, restl. M. weiß str. **15. R.:** weiß. **16. R.:** braun, von jetzt am Ende jeder 2. R. 1 M. abnehmen. **17. R.:** 6 M. weiß, restl. M. braun. **18 + 19. R.:** weiß. **20. + 21. R.:** braun. **22. R.:** 3 M. braun, restl. M. weiß str. **23. R.:** weiß. **24 + 25. R.:** braun str. **26.–28. R.:** weiß. **29. R.:** 2. M. weiß, restl. M. braun str. **30. R.:** 4 M. braun, restl. M. weiß str. **31.–33. R.:** weiß str. **34. R.:** braun str. **35. + 36. R.:** weiß str., danach die restl. M. abketten.

Ohr: Mit brauner Wolle 3 M. anschl. **1. + 3. R.:** am Ende der R. 1 M. zunehmen. **6. + 8. R.:** am Anfang 1 M. abnehmen. **10 R.:** die M. abketten.

Ausarbeitung: Alle Strickstücke nach der originalgroßen Zeichnung spannen und dämpfen. Jetzt das Bild nach der Zeichnung zusammenfügen, d. h. die Fensterrahmen zusammen- und die Fensterkreuze einnähen. Die Fensterbank an den unteren Rahmen nähen. Die braunen Fenster in die Zwischenräume nähen. Nun den Baumwollstoff über die Sperrholzplatte spannen und auf der Rückseite mit Reißnägeln befestigen. Den gestrickten Fensterrahmen auf die Stoffbespannung nähen. Anschließend die Katze und den Blumentopf aufnähen. Die Augen, Nase, Barthaare und Schnauze, wie aus der Zeichnung zu ersehen ist, im Plattstich aufsticken.

Makramee

Für diese uralte, aus dem Orient stammende Knüpfkunst benötigen sie nur wenige Hilfsmittel: eine feste Unterlage, eine Anzahl Stecknadeln mit dickem Kopf, Schere und Maßband. Als Material dienen Garne – in den letzten Jahren haben immer mehr Hersteller damit begonnen, besondere Makramee-Garne anzubieten. Zu Beginn einer Makramee-Arbeit steht die Materialberechnung, das Zuschneiden der Schnüre. Als Faustregel gilt hierbei, daß die Schnurlängen das Achtfache der Gesamtlänge des geplanten Stückes haben sollten. Diese Schnurstücke werden an einen Ring, einen Taschenbügel, ein Stück Treibholz geknüpft. Man kann verschiedene Methoden des Aufknüpfens verwenden. Am einfachsten aber ist, wenn die Schnüre doppelt genommen und mit einer Schlaufe über den Träger geknüpft werden (Zeichnung 1). Die Kunst des Knüpfens besteht dann im Wesentlichen aus zwei Knotenarten:
Erstens der Flachknoten. Er besteht aus zwei Halbknoten, von denen der zweite spiegelbildlich abläuft (Zeichnung 2). Durch hinter-einander geknüpfte Flachknoten lassen sich dekorative Schnurbänder herstellen.
Zweitens der Rippenknoten: Dieser Knoten ist vielseitig verwendbar, vor allem für frei entworfene Muster. Auch dieser Knoten besteht aus zwei Arbeitsgängen, wobei eine Schnur zweimal über die andere geschlagen,

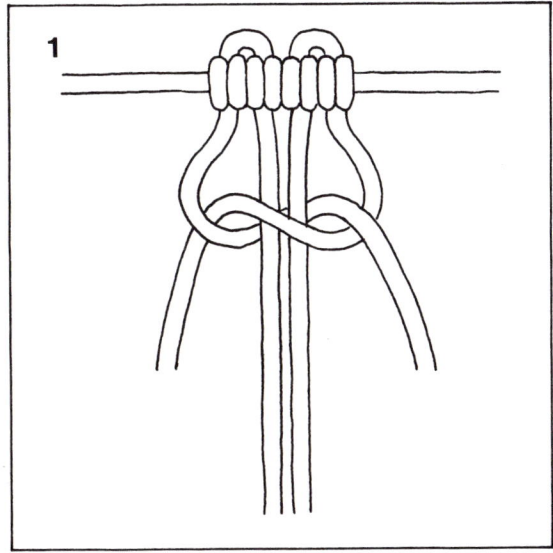

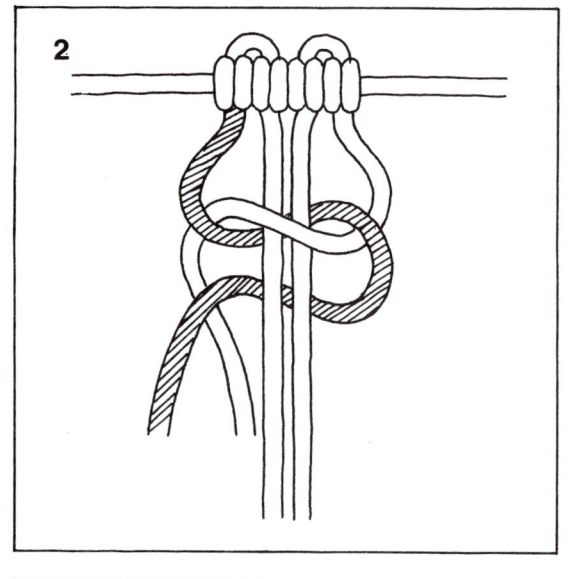

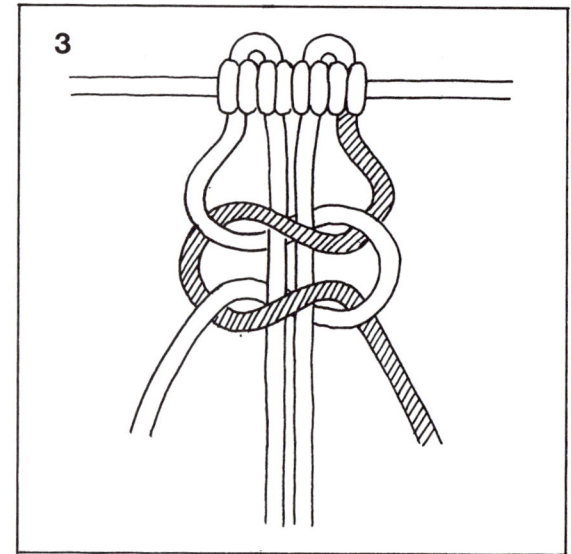

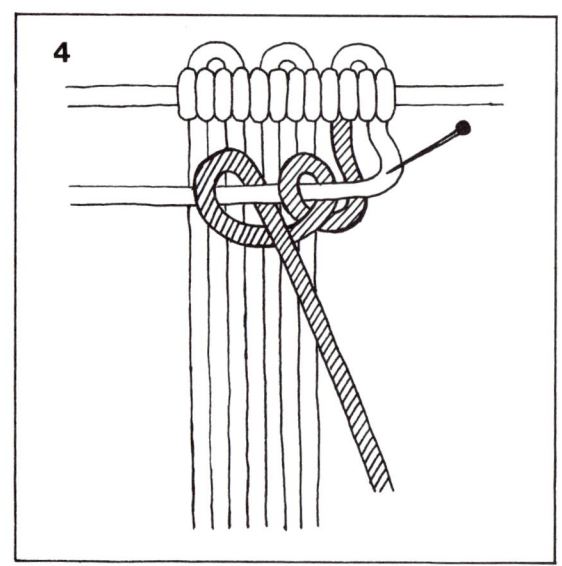

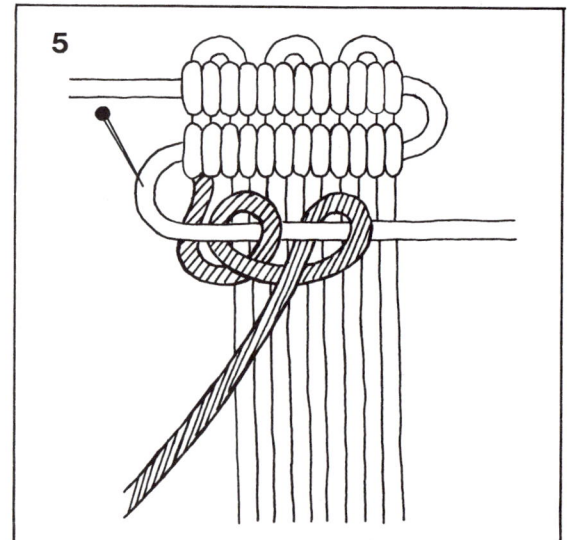

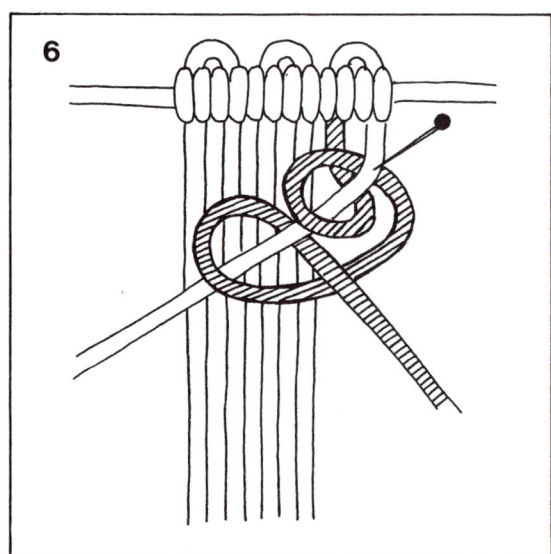

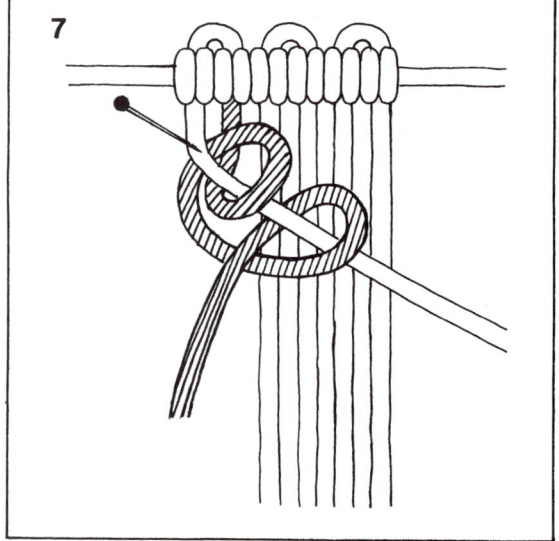

das heißt geknüpft wird (Zeichnung 2 und 3). Während man den Rippenknoten knüpft, wird die Leitschnur, die immer die Richtung der Knotenreihe bestimmt, mit der anderen Hand in der beabsichtigten Richtung straff gehalten.

Dieser Knoten bietet viele Variationsmöglichkeiten. Hierzu gehören zum Beispiel die querlaufende Reihe, die parallel laufende Schnüre zu einer Einheit bindet (Zeichnung 4 und 5). Zum anderen die schräglaufende Knotenreihe, bei der man die Leitschnur schräg über die anderen Schnüre führt (Zeichnung 6 und 7), während die andere Hand den Knoten schlägt. Dabei kann jede der Schnüre als Leitschnur gewählt werden, man kann aber auch zusätzlich neue Schnüre einbringen.

Malen

Sicher haben auch sie schon einmal von den vielfältigen Möglichkeiten Gebrauch gemacht, die Bleistift, Papier und Farbe bieten, um mit kleinen künstlerischen Werken eigener Produktion den Gabentisch anzureichern. Wir wollen Sie hier auf zwei Variationen des Malens aufmerksam machen, die lange Zeit vergessen schienen, heutzutage aber immer mehr Anhänger finden. Das gilt vor allem für das

Brandmalen

– eine uralte Technik, die aber ganz besonders einfach zu handhaben ist. Das Holz wird an seiner Oberfläche verkohlt, so daß Ornamente oder Motive entstehen.

Als Material kommen beinahe alle Holzsorten in Frage – vor allem Ahorn, Buche, Eiche und Linde, das heißt, helle Hölzer. Man kann entweder rohe, unbehandelte Hölzer brennen und sie danach glattschleifen. Es besteht aber auch die Möglichkeit, fertige Holzgegenstände – etwa Küchenholzbrettchen (siehe Farbfoto) oder einfache Holzkästchen – zu verzieren. Als Brenneisen dient ein Lötkolben, in den die Brennspitze und verschieden geformte Brennköpfe eingesetzt werden können. Wird die Brennspitze auf das Holz gedrückt, so entsteht ein Punkt – um so größer und tiefer, je länger der Druck andauert. Selbstverständlich kann man mit der Brennspitze auch Linien in das Holz ziehen. Als Muster läßt sich jede beliebige Form oder Vorlage benutzen.

Glasmalerei

Als Material für diese relativ einfache Art der Malerei benötigen Sie transparente oder deckende Spezialfarben, Haarpinsel verschiedener Größe, Nitroverdünner sowie Glasgegenstände – einen Teller, eine Kanne, ein Trinkglas, eine einfache Vase –, die Sie bemalen wollen.
Mit einem feinen Pinsel Konturen in Schwarz oder Weiß auftragen – man kann dabei Schablonen, Pausen oder eigene Entwürfe etwa von Blumen, geometrischen Mustern und so weiter benutzen. Diese Konturen dann farbig

ausfüllen. Die fertige Arbeit an einem staub-freien Ort trocknen lassen. Transparentfar-ben sind nach rund drei Tagen trocken.

Zur Erhöhung der Haft- und Stoßfestigkeit kann man die Glasfarben auch einbrennen. Frühestens einen Tag nach Beendigung der Glasmalerei stellt man das bemalte Stück in einen nicht vorgeheizten Backofen, erhitzt auf 100 bis 120 Grad Celsius für die Dauer von 30 Minuten (die Hitze mit Hilfe eines Spezialthermometers kontrollieren). Ein-brennen kann man natürlich nur Gegenstän-de, die der Hitze standhalten – also auf keinen Fall Acrylglasscheiben, die sich sofort ver-formen!

Hinterglasmalerei

Die Hinterglasmalerei unterscheidet sich von der oben beschriebenen Maltechnik dadurch, daß sie praktisch „von hinten her" praktiziert wird. Als erstes werden die Konturen auf eine Fensterglasscheibe, als letztes Hintergrund wie Himmel oder Bodenflächen aufgetragen. Als Material benötigt man neben der Glas-scheibe Spezialfarben für Hintergrundmale-rei, Sprühmittel, einen Konturenstift, der nach einer kurzen Zeit wasch- und wischfest ist. Dazu Pinsel verschiedener Größen.

Bevor man mit dem Malen beginnt, muß die Glasscheibe gründlich mit einer starken, hei-ßen Spülmittellauge entfettet und mit einem

sauberen nichtfusselnden Geschirrtuch abge-trocknet werden. Danach mit dem Konturen-stift die Umrisse des Bildes auftragen – also alle Personen, Pflanzen, Tieren, Verzierun-gen und auch Linien, die Formen plastisch erscheinen lassen. Darauf achten, daß beim Malen die Hand die saubere Glasplatte nicht berührt, also ein Stück Papier unterlegen – sonst bildet sich eine Fettschicht, und die Farben haften nicht. Darauf zieht man zu-nächst mit einem feinen Pinsel und schwarzer Dispersionsfarbe die Umrisse nach. Anschlie-ßend die Lichter mit Weiß aufsetzen, und schließlich die farbigen Linien in Blumen, Schatten und Gewändern sowie Falten und andere Details ausmalen. Während die Kon-turen trocknen, mischt man die Farben für die Flächen. Dann die ausgesparten Flächen far-big ausmalen – dabei bis an die Konturenlini-en gehen, damit keine Ritzen entstehen. Es ist durchaus möglich, mehrere Farbschichten übereinander aufzutragen, um besondere Ef-fekte zu erzielen. Ganz zum Schluß die großen Flächen etwa des Himmels oder des Bodens ausmalen. Schließlich das Bild mit Spray fixie-ren. (Es ist möglich, Hinterglasmalerei mit Ölfarben auszuführen. Das erfordert jedoch einiges Geschick und ist vor allem für Anfän-ger nicht ratsam.)

Gießen mit Gießharz

Als Materialien benötigen Sie für Briefbeschwerer, Schlüsselanhänger, Buchstützen und so weiter Gießharz, Trennwachs, Polierpaste und eine Glasscheibe. Dazu für die hier abgebildeten Modelle im einzelnen: Erstens für den **großen, stehenden Stern als Fensterschmuck** eine Kuchenbackform. Da derartige Formen im allgemeinen einen gewölbten Boden haben, muß man den Boden herauslösen und die Sternform auf die Glasplatte kleben.

Weiterhin benötigt man Weihnachtskugeln, Stoffblumen, Beeren, eine Silberschleife, Glimmersterne (Größe: 22,5 cm ∅, Stärke 5 cm, Gewicht: 1,7 kg).

Zweitens für den **kleinen Stern als Schlüsselanhänger** eine Keksausstechform, kleine Kugeln und Beeren, Glimmersterne (Größe: 8 cm ∅, Stärke: 1,5 cm, Gewicht: 50 g).

Drittens für den **kleinen Stern als Briefbeschwerer** eine Keksausstechform, einen Wattevogel, getrocknete Röschen, zarte Immortellen (Größe: 9 cm ∅, Stärke: 3,5 cm, Gewicht: 100 g).

Viertens für das **große Herz mit Vögeln als Obstplatte** ein große Ausstechform, zwei Wattevögel, Mohnknollen, Kugeln, Stoffblumen (Größe: 19,5 x 20 cm, Stärke: 3,5 cm, Gewicht: 900 g).

Fünftens für den **großen Stern mit Schleife** eine Kuchenform, Mohnknollen, Erlenzapfen, Kugeln und Beeren, Stoffblumen, Glimmersterne (Größe: 20,5 cm ∅, Stärke: 5 cm, Gewicht: 1,4 kg).

Zur Vorbereitung den Arbeitstisch mit einer Folie abdecken, die Glasscheibe darauflegen, darauf wiederum die Ausstechform legen. Die Form festhalten und mit Alleskleber gleichmäßig um die Ränder eine dicke Schicht legen, trocknen lassen. Ihre Gießform ist fertig. Nun die Innenseite der Form und den Glasboden mit Trennlack einstreichen, trocknen lassen. Gießharz und Härter genau nach beiliegender Bastelanleitung in ein Gefäß zusammenschütten und mit einem Stäbchen gut verrühren. Die erste Gießharzschicht 3 bis 4 mm hoch in die Form gießen, zwei Stunden härten lassen. (Tippt man mit dem Finger darauf, muß die Schicht fest sein, aber noch klebrig). Auf diese klebrige Oberfläche die vorher bereits probeweise zusammen gelegten Gegenstände wie Stern, Kugeln, Beeren drücken. Die richtige Seite nach unten zur Glasplatte hin legen. Dann die zweite Schicht gießen, wiederum nicht höher als 3 bis 5 mm, sonst schwimmen die Gegenstände nach oben. Zwei Stunden durchhärten lassen. Dann nächste Schicht gießen. Das solange wiederholen bis alle Gegenstände völlig bedeckt sind.

Die Gießlinge drei Tage härten lassen, dann mit einem Messer die Klebeschicht entfernen. Gießling und Form vorsichtig von der Glasplatte lösen und den Gießling aus der Form herausdrücken. Den Gießling auf ein nasses Tuch legen, damit er nicht verrutscht, mit einer Schleifmaschine oder der Hand zunächst mit grobem, später mit immer feinerem Schleifpapier schleifen. Ränder schräg anschleifen. Mit Scheuersand nachglätten. Schließlich den Gießling lange und ausdauernd mit Polierpaste und einem weichen Lappen bearbeiten.

Weihnachtsrezepte

Im Laufe der Zeit haben die Bräuche der Festzeit sich teilweise erheblich gewandelt. Und auch in den verschiedenen Landschaften hat man seit jeher unterschiedlich Weihnachten gefeiert. Eins jedoch ist in allen Jahrhunderten und aller Orten stets gleich geblieben: Die Hausfrau hat sich sorgfältig auf das große Essen vorbereitet, hat ihre ganze Phantasie darauf verwandt, hat sich spezielle Überraschungen ausgedacht und sie – manchmal mit Hilfe der Kinder – in die Tat umgesetzt. Und so verwundert es auch nicht, daß der weihnachtliche Schmaus im Kreise der Familie schon bei unseren Ur-Ur-Großeltern als einer der Höhepunkte des Weihnachtsfestes galt und daß sich diese Einstellung bis heute nicht geändert hat. Im Gegenteil, in den letzten Jahren scheint man sich mehr und mehr darauf zu besinnen, daß Weihnachten auch ein Fest für den Gaumen sein sollte.

„Marktszene", Gemälde; P. Aertsen, 1508–1575 (Ausschnitt)

Adventsbäckerei

Für die Kinder war die Zeit des Plätzchenbackens in der Adventszeit seit jeher der spannende und erregende Auftakt zum Fest. Hier können sie der Mutter helfen und gleichzeitig ihrer Phantasie und ihrer Schaffensfreude freien Lauf lassen. Versuchen Sie, Ihre Kinder auf ganz natürliche Weise an der Adventsbäckerei zu beteiligen. Das heißt, räumen Sie ihnen nicht etwa einen besonderen Platz ein oder geben ihnen spezielle Aufgaben, sondern lassen Sie sie richtig mitbacken. Achten Sie lediglich darauf, daß ein einfacheres Rezept gewählt wird und genügend Backbleche zur Verfügung stehen. Und vor allem: Nie die Begeisterung durch ein „Das kannst Du doch nicht" zerstören.

Mürbe Schleifchen

Zutaten:

375 g Mehl
100 g Zucker
1 Prise Salz
2 hartgekochte Eigelb (gehackt)
3 rohe Eigelb

250 g Butter
abgeriebene Schale 1 Zitrone
1 Eiweiß
roter oder weißer Hagelzucker
Fett für das Blech

Mehl, Zucker, Salz und gehacktes Eigelb auf ein Backbrett häufen, in die Mitte eine Mulde drücken, die rohen Eigelbe in die Mulde geben, die Butter in Flöckchen auf den Rand setzen. Die Eigelbe verrühren, dann alle Zutaten mit der Zitronenschale rasch zu einem Teig verkneten. 30 Minuten kühl stellen. Teig 3 mm dick ausrollen, 1 cm breite und 10–12 cm lange Streifen schneiden, in Schleifen legen, mit Eiweiß bepinseln und mit Hagelzucker bestreuen. Auf ein gefettetes Blech setzen und im vorgeheizten Ofen bei 200 Grad 8–10 Minuten backen.

Himbeerplätzchen

Zutaten:

250 g Zucker
2 Eier
2 El. Himbeerkonfitüre (80 g)
250 g Mehl

Fett für das Blech
125 g Puderzucker
1–2 El. Himbeergeist
2 Tropfen rote Speisefarbe

Zucker mit den Eiern schaumig rühren, dann Konfitüre und Mehl untermischen. Aus dem Teig mit einem Teelöffel runde Kleckse in größerem Abstand auf ein gefettetes Blech setzen. Bei 200 Grad im vorgeheizten Ofen ca. 15 Minuten backen. Inzwischen Puderzucker mit Himbeergeist und Speisefarbe anrühren, in einen Spritzbeutel mit der kleinsten Lochtülle füllen, die Kekse damit verzieren, dann trocknen lassen.

Orangenherzen

Zutaten:

250 g Mehl
100 g Margarine
1 Ei
65 g Zucker
1 Pk. Vanillinzucker

abgeriebene Schale von 3 Orangen
Fett für das Blech
100 g bittere Kuvertüre
40 g blättrig geschnittene Mandeln

Mehl, Margarine, Ei, Zucker, Vanillinzucker und Orangenschale zu einem Teig verkneten, 3–4 mm dick ausrollen, Herzen ausstechen und auf ein gefettetes Backblech legen. 10 Minuten im vorgeheizten Ofen bei 200 Grad backen. Mit der im Wasserbad geschmolzenen Kuvertüre überziehen und mit Mandeln bestreuen.

121

Ginger Snaps (Ingwerplätzchen)

Zutaten:

160 g Butter
160 g brauner Zucker
60 g Melasse (Reformhaus)
1 Ei
230 g Mehl
2 Tl. Soda

1/2 Tl. Salz
2 Tl. Ingwerpulver
1 Tl. Zimt
1/2 Tl. Nelkenpulver
Zucker zum Wälzen
Fett für das Blech

Butter mit braunem Zucker, Melasse und dem Ei schaumig rühren. Mehl mit Soda, Salz, Ingwerpulver, Zimt und Nelkenpulver mischen, unter das Butter-Zucker-Gemisch rühren. Mit einem Teelöffel kleine Mengen vom Teig abnehmen, in Zucker wälzen und in großen Abständen auf ein gefettetes Blech setzen. Im vorgeheizten Ofen bei 175 Grad 10 Minuten backen.

Nußräder

Zutaten:

125 g Haselnüsse
250 g Mehl
100 g Speisestärke
1 Tl. Backpulver
250 g Margarine
100 g Puderzucker

1 Eigelb
1 Päckchen Vanillinzucker
1 Eiweiß
4 El. Zucker
1 El. Kakao
Fett für das Blech

Haselnußkerne in der Pfanne rösten und fein mahlen. Aus Mehl, Speisestärke, gemahlenen Haselnüssen, Backpulver, Margarine, Puderzucker, Eigelb und Vanillinzucker einen Teig kneten und eine Rolle (3 cm Durchmesser) formen. Rolle mit Eiweiß bepinseln und in Zucker-Kakao-Mischung wälzen. 1/2 Stunde kühl stellen, dann in 1/2 cm dicke Scheiben schneiden. Scheiben auf ein gefettetes Blech legen und im vorgeheizten Ofen bei 175 Grad 15 Minuten backen.

Cashew-Taler

Zutaten:

80 g Mehl
90 g Zucker
2 Eigelb
80 g Butter
150 g in Sirup eingelegter Ingwer

150 g Cashewkerne (gemahlen)
etwas Kardamom
Fett für das Blech
30 Cashewkerne zum Verzieren

Mehl, Zucker, Eigelb, Butter, den fein geriebenen Ingwer, gemahlene Cashewkerne und Kardamom zu einem glatten Teig verkneten. Kugeln von ca. 2 1/2 cm Durchmesser daraus formen, an der Unterseite etwas flach drük-ken, auf ein gefettetes Blech setzen und jeweils mit einem Cashewkern verzieren. Im vorgeheizten Backofen bei 175 Grad ca. 20 Minuten backen.

Marzipan-Makronen

Zutaten:

4 Eiweiß	etwas Zitronensaft
250 g Puderzucker	3 El. Hagebuttenmark
250 g gemahlene Mandeln	90 kleine Oblaten

Eiweiß mit Puderzucker sehr steif schlagen, 3 El. von der Masse zum Garnieren zurückbehalten. Die gemahlenen Mandeln, Zitronensaft und Hagebuttenmark unter den großen Teil der Eiweißmasse heben. Die Oblaten auf ein Blech legen und mit zwei Teelöffeln kleine Häufchen vom Teig daraufsetzen. Die restliche Eiweißmasse in einen Spritzbeutel mit kleiner Lochtülle füllen und Streifen auf jedes Häufchen spritzen. Die Makronen im vorgeheizten Backofen bei 100 Grad 45–60 Minuten trocknen.

Haferflockenkekse

Zutaten:

125 g Butter	100 g Zucker
250 g Haferflocken (kernige)	1 Päckchen Vanillinzucker
250 g Datteln (getrocknet)	1/2 Tl. Backpulver
2 Eier	Fett für das Blech

Butter erhitzen, die Haferflocken unterrühren, dann abkühlen lassen. Datteln entsteinen und in kleine Würfel schneiden. Eier, Zucker, Vanillinzucker und Backpulver miteinander verrühren. Datteln und Haferflocken zugeben, alles gut vermengen und mit zwei Teelöffeln kleine Häufchen auf ein gefettetes Backblech setzen. Im vorgeheizten Ofen bei 175 Grad 15–20 Minuten backen.

Honigplätzchen

Zutaten:

300 g Honig	2 Päckchen Vanillinzucker
350 g Zucker	abgeriebene Schale 1 Zitrone
125 g süße Mandeln	250 g Margarine
5 bittere Mandeln	1 Ei
6 g Zimt	1 Päckchen Backpulver
3 g Nelkenpulver	500–600 g Mehl
	Backpapier oder Fett für das Blech

Honig mit Zucker aufkochen, bis der Zucker flüssig ist. Die ungeschälten Mandeln mahlen, mit den Gewürzen in die Honig-Zucker-Mischung rühren, etwas abkühlen lassen, dann die weiche Margarine, schließlich auch das Ei und das mit Backpulver gemischte Mehl unterrühren. Der Teig soll so fest sein, daß man ihn ausrollen kann. Den Teig möglichst dünn ausrollen und beliebige kleine Formen ausstechen. Auf Backpapier auf Bleche setzen und im vorgeheizten Ofen bei 200 Grad 10 Minuten backen, bis sie hellbraun sind. Bis zum Verschenken in einer Blechdose aufbewahren, damit die Plätzchen knusprig bleiben.

Baseler Leckerli

Zutaten:

280 g Honig
300 g Zucker
2 Tl. Zimt
1 Tl. Nelkenpulver
1 Tl. Kardamom
300 g Mandeln (ungeschält, grob gehackt)
100 g Zitronat, fein gehackt
100 g Orangeat, fein gehackt
625 g Mehl
1/8 l Aprikosengeist oder Kirschwasser
1 Tl. Pottasche, gelöst in 2 El. Wasser
Fett für das Blech
125 g Zucker
4 El. Wasser
30–40 abgezogene, halbierte Mandeln

Honig und Zucker erhitzen und schmelzen, Gewürze, Mandeln, Zitronat und Orangeat unterrühren, dann die Masse abkühlen lassen. Abwechselnd Mehl, Aprikosengeist und Pottasche unter den Teig arbeiten. Alles gut verkneten, dann den Teig ca. 3/4 cm hoch auf einem gefetteten Backblech verstreichen. Im vorgeheizten Backofen bei 175 Grad in 30–35 Minuten hellbraun backen. Herausnehmen und sofort in Stücke schneiden. Zucker mit Wasser ca. 5 Minuten kochen, bis der Zucker gelöst ist und der Schaum verschwindet. Die Glasur schnell auf die noch warmen Lebkuchen geben und die Mandeln auflegen.

Nußschnitten

Zutaten:

250 g Margarine oder Butter
200 g Zucker
1 Prise Salz
1 Päckchen Vanillinzucker
4 Eier
300 g Walnußkerne
3 gestr. Tl. Backpulver
250 g Mehl
Fett für das Blech

Für den Guß:

250 g Puderzucker
2 Tl. Pulverkaffee
3 El. Weinbrand
2–3 El. Wasser

Margarine oder Butter mit Zucker, Salz, Vanillinzucker und den Eiern schaumig rühren. 30 Walnußhälften für die Verzierung aussortieren, die restlichen mahlen. Die gemahlenen

Nüsse und das mit Backpulver gemischte Mehl nach und nach unter die Eier-Zucker-Masse heben. Den Teig auf ein gefettetes Backblech streichen und im vorgeheizten Ofen bei 200 Grad 15–20 Minuten backen. Sofort in ca. 30 Quadrate oder Rhomben schneiden. Für den Guß während der Backzeit Puderzucker mit Kaffee, Weinbrand und Wasser verrühren, auf die warmen Schnitten streichen, jede Schnitte mit einer Walnußhälfte garnieren.

Schokoladensterne

Zutaten:

3 Eiweiß von kleinen Eiern
200 g Puderzucker
300 g geriebene Mandeln
60 g feine bittere Schokolade
1 Tl. Vanillinzucker

Zucker und Mehl zum Ausrollen
Fett für das Blech
1 Eiweiß
50 g Puderzucker

Das Eiweiß zu Schnee schlagen, den Puderzucker unterrühren. Mandeln, geriebene Schokolade und Vanillinzucker unterrühren. Der Teig soll sehr fest sein (notfalls etwas mehr Mandeln nehmen). Den Teig zugedeckt über Nacht im Kühlschrank ruhen lassen. Am nächsten Tag die Arbeitsfläche mit Mehl und Zucker bestreuen, den Teig darauf ca. 1 cm dick ausrollen und mit einem in Zucker und Mehl getauchten Förmchen Sterne ausstechen. Sterne auf ein gefettetes Blech legen und im vorgeheizten Ofen bei 175 Grad ca. 25 Minuten backen. Sterne abkühlen lassen, dann mit einer Glasur aus Puderzucker und Eiweiß bestreichen.

Walnußtaler

Zutaten:

250 g Mehl
1 geh. Tl. Backpulver
100 g Butter
60 g gemahlene Walnüsse
80 g Zucker
1 Ei

Fett für das Blech
100 g Aprikosenkonfitüre
4–5 El. Rum
150 g Puderzucker
3 El. Rum
35 Walnußhälften

Mehl, Backpulver, Butter, Walnüsse, Zucker und Ei zu einem Teig verkneten. Den Teig auf der bemehlten Arbeitsfläche ausrollen und ca. 5 cm große Plätzchen ausstechen, auf einem gefetteten Backblech bei 175 Grad 12–15 Minuten backen. Vom Blech nehmen und abkühlen lassen. Konfitüre mit Rum verrühren, die Oberfläche von 35 Plätzchen damit bestreichen, je ein unbestrichenes Plätzchen daraufkleben. Aus Puderzucker und Rum einen Guß rühren, die Plätzchen damit bestreichen und mit einer Walnußhälfte verzieren.

Brownies
(Braune Plätzchen)

Zutaten:

200 g Butter oder Margarine
180 g Zucker
1 Päckchen Vanillinzucker
4 Eier
75 g bittere Schokolade
80 g Mehl

1/2 Tl. Backpulver
1/2 Tl. Salz
150 g Walnußkerne
Fett für das Blech
150 g bittere Schokoladenkuvertüre

Butter oder Margarine mit Zucker, Vanillinzucker und den Eiern schaumig rühren. Schokolade bei milder Hitze schmelzen und schnell unterrühren. Mehl, gemischt mit Backpulver und Salz, ebenfalls unterrühren. Zuletzt 100 g Walnüsse grob hacken und unter den Teig arbeiten. Teig in eine gefettete, rechteckige Backform geben, 2–2$^{1}/_{2}$ cm dick andrücken. Bei 175–200 Grad im vorgeheizten Backofen 35 Minuten backen, dann in rechteckige Stücke schneiden. Bittere Kuvertüre schmelzen und die Stücke damit überziehen. Je eine halbe Walnuß daraufdrücken.

Dominosteine

Zutaten:

Für den Teig:
250 g Honig
65 g Zucker
100 g Butter
2 Eier
2 El. Rum
350 g Mehl
3 gestrichene Tl. Backpulver
1 Tl. Lebkuchengewürz
2 El. Kakao

Für die Füllung:
etwa 1 Glas Johannisbeergelee
200 g Marzipanrohmasse
Puderzucker zum Ausrollen
3–4 Beutel dunkle Kuchenglasur

Honig, Zucker und Fett erhitzen und abkühlen lassen. Eier und Rum unter die Honigmasse rühren. Die restlichen Zutaten vermischen und unterkneten. Den Teig etwa 1–2 cm dick auf ein gefettetes Blech streichen. Im vorgeheizten Backofen bei 175 Grad 20 Min. backen. Die Kuchenplatte vierteln und sofort vom Blech nehmen. Einmal waagerecht durchschneiden. Beide Schnittflächen mit Gelee bestreichen. Marzipan auf Puderzucker dünn ausrollen und auf eine Kuchenplatte geben. Die Platten zusammensetzen und in Würfel schneiden. Mit erwärmter Kuchenglasur überziehen.

Spitzbuben

Zutaten:

Für den Teig:
125 g Butter oder Margarine
100 g Zucker
125 g Mehl
125 g geriebene Mandeln
2 El. Kakao
1 Päckchen Vanillezucker
1 Tl. Zimt
1/2 gestr. Tl. Backpulver
1 Eigelb
halbierte abgezogene Mandeln

Alle Teigzutaten gut verkneten. Den Teig zugedeckt eine Stunde in den Kühlschrank stellen. Danach Kugeln von etwa 2 cm ⌀ formen und auf ein gefettetes, bemehltes Backblech setzen. Mit verquirltem Eigelb bestreichen und jeweils eine halbe Mandel hineindrücken. Im vorgeheizten Backofen bei 200 Grad etwa 15 bis 20 Minuten backen.

Walnußplätzchen

Zutaten:

Für den Teig:
200 g Butter oder Margarine
125 g Puderzucker
ausgeschabtes Mark von
1 Vanillestange
1/2 Tl. Zimt
1/2 Tl. Orangenschale
1/2 Tl. Ingwerpulver
1 Eigelb
300 g Mehl
60 g geriebene Walnüsse

Für die Füllung:
200 g Marzipanrohmasse
Puderzucker zum Ausrollen
Aprikosenmarmelade
300 g dunkle Kuchenglasur
halbierte Walnüsse

Alle Teigzutaten gut verkneten. Etwa 1 Stunde in den Kühlschrank stellen. Danach den Teig dünn ausrollen und Formen ausstechen. Auf ein gefettetes Backblech legen und im vorgeheizten Ofen bei 200 Grad ca. 15 Minuten backen.

Marzipanrohmasse auf Puderzucker ausrollen und gleiche Formen ausstechen. Nach dem Abkühlen die Plätzchen mit Aprikosenmarmelade bestreichen. Jeweils zwei mit einem Marzipanplätzchen zusammensetzen. Mit Kuchenglasur überziehen und mit einer Walnuß verzieren.

Braune Kuchen

Zutaten:

Für den Teig:
500 g Honig
50 g Butter
50 g Schmalz
200 g braunen Zucker
1 Ei
80 g gemahlene Mandeln
2 El. Kakao
1 Tl. Zimt
1 Tl. gemahlene Nelken
1/2 Tl. Kardamom
1 Messerspitze geriebene

Muskatnuß
700 g Mehl
1 Päckchen Backpulver

Zum Bestreichen:
1 Eiweiß

Zum Verzieren:
kandierte Früchte
gehackte Nüsse
bunter Zucker

Honig erwärmen. Fett schaumig rühren, Zucker und Ei hinzufügen und glattrühren. Abgekühlten Honig, Mandeln, Kakao und Gewürze darunterrühren. Mehl und Backpulver mischen, unterkneten.
Den Teig etwa 1 Stunde kalt stellen. Danach

auf Mehl dünn ausrollen, Halbmonde und Sterne ausstechen und auf ein gefettetes Backblech setzen. Im vorgeheizten Backofen bei 175 Grad etwa 10 bis 12 Minuten backen.

Nach dem Backen sofort mit Eiweiß bestreichen und mit kandierten Früchten, gehackten Nüssen oder buntem Zucker verzieren.

Spekulatius

Zutaten:

Für den Teig:

75 g Mandelblättchen	250 g brauner Zucker
500 g Mehl	1 Tl. Salz
150 g Butter	1 Päckchen Spekulatiusgewürz
1 El. Milch	2 Eier

Alle Zutaten zu einem geschmeidigen Teig verkneten. 30 Minuten kalt stellen. Teig dünn ausrollen, in Größe der Holzmodeln ausschneiden und in die leicht bemehlten Formen drücken. Mit einem Messer über die Formen streichen, so daß der Teig nur in den Vertiefungen zurückbleibt. Die Figuren mit einem spitzen Messer herauslösen und auf ein gefettetes Backblech legen. Im vorgeheizten Backofen bei 200 Grad etwa 10 Minuten backen.

Berliner Brot

Zutaten:

Für den Teig:

2 Eier	125 g Haselnußkerne
2 El. warmes Wasser	50 g Zitronat
2 El. Rum	1 gestr. Tl. Backpulver
250 g brauner oder weißer Zucker	250 g Mehl
1/2 Tl. Piment	
1 El. Zimt	**Für den Guß:**
100 g Schokolade	1–2 Beutel dunkle Kuchenglasur

Eier, Wasser und Rum schaumig schlagen. Zucker langsam zufügen. Gewürze, kleingeschnittene Schokolade, die ganzen Nüsse, gewürfeltes Zitronat und das mit Backpulver vermischte Mehl unterrühren. Den Teig auf einem gefetteten Backblech 1/2 cm dick auseinanderstreichen. Im vorgeheizten Backofen auf mittlerer Schiene bei 200 Grad ca. 15 bis 20 Minuten backen. Sofort in etwa 2 cm breite und 6 cm lange Streifen schneiden. In erwärmte Kuchenglasur tauchen.

Butterplätzchen

Zutaten:

250 g Mehl
150 g Puderzucker
1 Prise Salz
1 Prise Ingwerpulver
1 Prise gemahlene Nelken
1 Tl. Zimt
200 g Kokosraspeln

4–6 Tropfen Backaroma
Vanille-Butter-Geschmack
1 Ei
1 Eigelb
180 g Butter
bunte kandierte Kirschen
gehackte Nüsse

Mehl, Puderzucker, Salz, Gewürze, Kokosraspeln, Backaroma, Ei, Eigelb und Butter gut verkneten. Den Teig etwa eine Stunde kalt stellen. Danach dünn ausrollen. Halbmonde und Sterne ausstechen. Auf ein gefettetes Backblech setzen, mit verquirltem Eigelb bestreichen und mit kleingeschnittenen kandierten Kirschen und gehackten Nüssen verzieren. Im vorgeheizten Ofen bei 200 Grad etwa 10 bis 15 Minuten backen.

Zimtsterne

Zutaten:

3 Eiweiß
200 g Zucker
1 Tl. Zimt

300–400 g gemahlene Mandeln
(nicht abziehen)
Puderzucker zum Ausrollen

Eiweiß sehr steif schlagen und Zucker unter ständigem Schlagen einrieseln lassen. 3 El. abnehmen. Unter die restliche Baisermasse Zimt und Mandeln geben und den Teig etwa 1/2 cm dick auf Puderzucker ausrollen. Sternchen ausstechen und mit der zurückgestellten Baisermasse bestreichen. Auf ein gefettetes Backblech setzen. Im vorgeheizten Backofen bei 150 Grad 15 bis 20 Minuten backen.

Friesische Plätzchen

Zutaten:

Für den Teig:

500 g Mehl
190 g Zucker
250 g Butter
1 El. Kartoffelstärke
ausgeschabtes Mark von
1 Vanillestange
1/2 Tl. Zimt
je 1 Messerspitze
Kardamom und Piment

1 Tl. Wasser
1/2 Tl. Hirschhornsalz
2 Eigelb

Zum Verzieren:

gewürfeltes Zitronat
gewürfeltes Orangeat
abgezogene Pistazienkerne

Mehl, Zucker, kleingeschnittene Butter, Kartoffelstärke, Gewürze und in Wasser aufgelöstes Hirschhornsalz verkneten. Von dem Teig Rollen (⌀ ca. 3–4 cm) formen und etwa eine Stunde in den Kühlschrank stellen. Danach in dünne Scheiben schneiden und auf ein gefettetes Backblech legen. Im vorgeheizten Ofen bei 200 Grad 10 bis 15 Minuten backen. Mit verschlagenem Eigelb bestreichen und mit Zitronat, Orangeat oder Pistazienkernen verzieren. Kurz unter einen vorgeheizten Grill schieben.

Eigelbmakronen

Zutaten:

300 g Marzipanrohmasse
3 Eigelb
150 g Zucker
abger. Schale 1 Zitrone
1/2 Tl. Zimt

1 Prise Kardamom
1 Prise Piment
kleine runde Oblaten
bunte kandierte Kirschen

Marzipan, Eigelb, Zucker, Zitronenschale und Gewürze gut verrühren. Den Teig in einen Spritzbeutel mit großer Sterntülle füllen und Kreise und Rosetten auf Oblaten spritzen. Jedes Plätzchen mit einer halbierten kandierten Kirsche belegen. Auf ein Backblech legen und im vorgeheizten Backofen bei 175 Grad etwa 15 Minuten backen.

Kokosberge

Zutaten:

100 g Butter oder Margarine
75 g Puderzucker
2 Eigelb
1 Tl. Orangenschale

1/2 Tl. Ingwerpulver
50 g Weizenstärke
125 g Kokosraspel
1 Beutel dunkle Kuchenglasur

Fett, Puderzucker, Eigelb, Gewürze, Weizenstärke und Kokosraspeln verkneten. Mit zwei Teelöffeln kleine Häufchen setzen. Im vorgeheizten Backofen bei 175 Grad etwa 15 bis 20 Minuten backen. Mit erwärmter Kuchenglasur bepinseln.

Anisplätzchen

Zutaten:

2 Eiweiß
50 g Zucker
2 Eigelb

50 g Speisestärke
1/2 Tl. gemahlener Anis

Eiweiß sehr steif schlagen und Zucker einrieseln lassen. Kurz darunterschlagen. Eigelb unterziehen. Speisestärke und Anis vermischen und zufügen. Mit einem Teelöffel kleine Häufchen auf ein gefettetes Backblech setzen. Sofort im vorgeheizten Ofen bei 175 Grad etwa 10 Minuten backen.

Baiserplätzchen

Zutaten:

3 Eiweiß
180 g Zucker
2 El. gemahlene Haselnüsse

1 Beutel Mandelstifte (40 g)
2 El. Schokoladenblättchen

Eiweiß sehr steif schlagen und den Zucker unter weiterem Schlagen einrieseln lassen. Schaummasse in drei Teile teilen. Unter den einen Teil die Haselnüsse, den zweiten die Mandelstifte und unter den Rest die Schoko-ladenblättchen ziehen. Mit zwei Teelöffeln kleine Häufchen von der Baisermasse auf ein gefettetes Blech setzen. Im vorgeheizten Ofen bei 100 Grad etwa $1^1/_2$ Stunden trocknen lassen.

Nürnberger Lebkuchen

Zutaten:

5 Eier
500 g Zucker
1 Tl. Zitronensaft
1 El. Zimt
1/4 Tl. Nelken
1 Messersp. Muskatblüte (gemahlen)
100 g Zitronat (gewürfelt)
100 g Orangeat (gewürfelt)
1 Prise Salz
wenig abgeriebene Zitronenschale

500 g Mandeln (grob gehackt)
200 g Mehl
2 g Hirschhornsalz oder
1 gest. Tl. Backpulver
Backoblaten (Ø 7 cm)
etwa 100 g Kuchenglasur (dunkel)
1 Eiweiß
100 g Puderzucker
50 g Mandeln (abgezogen)
einige Pistazienkerne

Eier und Zucker mit den Quirlen des Hand-rührers rühren, bis die Masse schaumig und der Zucker gelöst ist. Dann nacheinander die Zutaten (bis zum Hirschhornsalz) in der ange-gebenen Reihenfolge dazugeben und verrüh-ren, die Masse etwas ruhen lassen. Die Obla-ten auf ein Backblech legen, die Masse mit einem Teelöffel daraufsetzen (Rand freilas-sen, damit der Teig etwas breitlaufen kann), über Nacht trocknen lassen. Am nächsten Tag bei milder Hitze (150 Grad) 20 bis 25 Min. backen, dabei einen Kochlöffel zwischen Backofen und Tür klemmen, damit der Dampf entweichen kann. Inzwischen die Ku-chenglasur im warmen Wasserbad auflösen; für den Guß das Eiweiß steif schlagen und mit dem Puderzucker verrühren. Je die Hälfte der Lebkuchen noch heiß mit Glasur und Guß bestreichen. Mit Mandeln und Pistazienker-nen verzieren.

Bärentatzen

Zutaten:

50 g Marzipan-Rohmasse
150 g Zucker
2 kleine Eier
250 g Butter oder Margarine
1 Prise Salz
abger. Schale 1 Zitrone

175 g Weizenpuder
50 g Kakaopulver
200 g Mehl
100 g Nougatmasse
150 g Kuchenglasur (dunkel)

Marzipan-Rohmasse mit Zucker und Eiern zuerst mit einer Gabel vermengen, dann mit der Hand glattkneten. Weiche Butter, Salz und Zitronenschale dazugeben und schaumig rühren. Dann das mit dem Weizenpuder und dem Kakaopulver vermischte Mehl unter die Masse heben. 2 Bleche fetten und bemehlen. Die Masse in einen Spritzbeutel füllen (Sterntülle mittlere Größe) und kleine Bärentatzen auf das Blech spritzen. (Tülle auf dem Blech aufsetzen, einen dicken Tupfer aufspritzen, dann spitz auslaufen lassen.) Im vorgeheizten Ofen bei 200 Grad auf der mittleren Einschubleiste 12 bis 15 Min. backen. Kalt werden lassen. Die Nußnougatmasse im Wasserbad etwas erwärmen, die Kuchenglasur warm auflösen. Die Hälfte der ausgekühlten Plätzchen umdrehen, mit der Nougatmasse bestreichen, dann die andere Hälfte leicht daraufdrücken. Die Bärentatzen mit der Spitze in die Kuchenglasur tauchen und zum Trocknen auf Pergamentpapier oder Alufolie setzen.

Mandelbrenten

Zutaten:

300 g Mandeln
50 ccm Rosenwasser
100 g Zucker

50 g Puderzucker
40 g Mehl
1 Eigelb

Mandeln kurz in kochendes Wasser geben, kalt abschrecken und die Haut abziehen. Eine Hälfte zum Dekorieren beiseite stellen, die andere durch die Mandelmühle drehen und in einen Topf geben. Bei milder Hitze mit Rosenwasser und Zucker verrühren, bis der Zucker geschmolzen ist. Auf der Arbeitsfläche mit dem Puderzucker und Mehl verkneten, etwas ruhen lassen. Dann auf wenig Puderzucker ausrollen, ovale Plätzchen (6 x 3 cm) ausstechen und mit Eigelb bepinseln. Die beiseite gestellten Mandeln halbieren und in Form eines Tannenzapfens auf die Plätzchen legen. Über Nacht trocknen lassen. Am nächsten Tag im vorgeheizten Backofen bei 175 Grad 15 bis 20 Minuten goldbraun backen.

Das Nikolausfest

Entweder haben Sie es in Ihrer Kindheit noch miterlebt oder aber Sie haben von Ihren Eltern davon gehört oder auch darüber gelesen: Von den Äpfeln, die am Nikolausabend im Kachelofen schmorten und die ganze Stube mit ihrem Duft erfüllten. Weihnachten kündigte sich an diesen Abenden auf eine besondere, einmalige Weise an.

Vielleicht entscheiden auch Sie sich, diese Sitte wieder aufleben zu lassen, und Ihre Kinder werden es dann weiter fortsetzen. Laden Sie einfach am Nikolaustag am frühen Abend einige Freunde, Nachbarn oder Bekannte ein. Stellen Sie einen Adventskranz auf den Tisch, dazu eine hübsche Tischdecke, Frühstücksteller, Bestecke und Groggläser.

Die Bratäpfel können je nach Gegebenheit in der Küche bereitet werden. Wer eine genügend große Küche besitzt, kann die fertigen Äpfel dann auch dort servieren. Die schönsten Feste wurden ja bekanntlich in der Küche gefeiert.

Ideal ist natürlich ein Kamin, in den eine Grillplatte geschoben wird, oder auch ein Tischgrill im Wohnzimmer. Wichtiger aber ist, daß die richtige Stimmung herrscht. Erinnern Sie sich – Bratäpfelessen sollte vor allem gemütlich sein.

Am besten eignen sich als Bratäpfel die Sorten Boskop, Jonathan oder Cox Orange. Die Äpfel werden gewaschen, getrocknet und das Kerngehäuse ausgestochen. Will man die Äpfel im Backofen zubereiten, so muß dieser auf 220 Grad vorgeheizt werden. Die Rezepte für die Füllungen entnehmen Sie bitte den folgenden Seiten.

Als Getränke reichen Sie dazu Eisbrecher, Punsch oder Grog. Dazu als Ergänzung Plätzchen und Weihnachtsgebäck.

Bratäpfel mit Himbeeren

Zutaten:

4 mittelgroße Äpfel
1 Paket tiefgefrorene Himbeeren
2 El. Himbeergeist

2 Eigelb
4 El. Zucker
2 Eiweiß

Äpfel waschen und trockentupfen. Kerngehäuse mit dem Apfelausstecher entfernen. Auf eine feuerfeste Platte oder in eine Auflaufform setzen. 4 Eßlöffel Himbeeren mit Himbeergeist vermischen und in die Äpfel füllen. Im vorgeheizten Backofen bei 220 Grad ca. 20 Minuten backen. Inzwischen Eigelb und Zucker schaumig rühren. Die restlichen Himbeeren untermischen und den steifgeschlagenen Eischnee unterziehen. Nach 20 Minuten Backzeit diese Masse über die Äpfel geben und noch einmal 20 Minuten backen.

Bratäpfel mit Ananas

Zutaten:

4 mittelgroße Äpfel
40 g Butter
4 El. Semmelbrösel
2 El. Zucker
1 Dose Ananas
(360 g Fruchteinwaage)

3 El. Rum
5 Scheiben Ananas
20 g Butter
2 El. Zucker
2 El. Orangenlikör

Äpfel waschen, trockentupfen und die Kerngehäuse mit dem Apfelausstecher entfernen. Butter in einem Topf leicht bräunen, Semmelbrösel kurz darin anrösten. Zucker und 5 in kleine Würfel geschnittene Ananasscheiben zufügen und kurz dünsten. Mit Rum abschmecken. Äpfel auf eine feuerfeste Platte oder in eine Auflaufform setzen und mit der Masse füllen. Im vorgeheizten Backofen bei 220 Grad 30–35 Minuten backen. Für die Soße die restlichen 5 Ananasscheiben in kleine Würfel schneiden. Butter zerlassen, Zucker zufügen und die Ananas darin dünsten. Mit Orangenlikör abschmecken und die Soße über die Bratäpfel geben.

Bratäpfel mit Eissauce

Zutaten:

4 mittelgroße Äpfel
50 g gemahlene Mandeln
3 El. Sauerkirschkonfitüre

2 El. Kirschwasser
1/2 Paket Vanille-Eis
2 El. Kirschwasser

Äpfel waschen und trockentupfen. Kerngehäuse mit dem Apfelausstecher entfernen. Mandeln, Sauerkirschkonfitüre und Kirschwasser miteinander verrühren. Die Äpfel auf eine feuerfeste Platte oder in eine Auflaufform setzen. Die Masse hineinfüllen und die Äpfel im vorgeheizten Backofen bei 220 Grad 30–35 Minuten backen.
Für die Sauce das Eis etwas antauen lassen und mit dem Kirschwasser cremig rühren. Vor dem Servieren über die Bratäpfel geben.

Bratäpfel mit Vanillesauce

Zutaten:

4 mittelgroße Äpfel
4 El. Zitronengelee

Für die Sauce:
1 Päckchen Vanillesoßenpulver
(zum Kochen)
knapp 1/4 l Milch

1 El. Zucker
Mark einer Vanilleschote
etwas abgeriebene Schale
einer unbehandelten Zitrone
1 Prise Salz
3 El. geschlagene Sahne
40 g geröstete Mandelstifte

Äpfel waschen und trockentupfen. Kerngehäuse mit dem Apfelausstecher entfernen. Auf eine feuerfeste Platte oder in eine Auflaufform setzen und mit dem Zitronengelee füllen.
Für die Sauce das Soßenpulver in etwas kalter Milch anrühren. Restliche Milch mit Zucker, Vanilleschoten, herausgeschabtem Mark, Zitronenschale und Salz zum Kochen bringen. Das Soßenpulver nach Packungsanweisung einrühren. Die geschlagene Sahne unterziehen und die Sauce über die Äpfel geben. Im vorgeheizten Ofen bei 220 Grad 30–35 Minuten backen. Mit Mandelstiften bestreut servieren.

Bratäpfel mit Nußeis

Zutaten:

3 El. Rosinen
5 El. Rum
30 g Butter
4 El. blütenzarte Haferflocken

5 El. brauner Zucker
5 El. Sahne
4 mittelgroße Äpfel
1 Becher Nußeis

Rosinen waschen, trockentupfen und ca. 1 Stunde in Rum quellen lassen. Butter zerlassen, Haferflocken und Zucker zufügen nd leicht bräunen. Sahne und Rosinen untermischen. Äpfel waschen, trockentupfen und die Kerngehäuse mit dem Apfelausstecher entfernen. Auf eine feuerfeste Platte oder in eine Auflaufform setzen und mit der Haferflockenmasse füllen. Im vorgeheizten Ofen bei 220 Grad 30–35 Minuten backen. Die Bratäpfel mit Eiskugeln servieren.

Weihnachtsmenüs

In unserem Lande gibt es einige Gerichte, die traditionell an bestimmten Weihnachtstagen gereicht wurden. Am Heiligen Abend gehört dazu ohne Zweifel der Karpfen und am 1. Weihnachtstag der große Gänsebraten – wenn möglich nach Großmutters Rezept, doch sind hier der Phantasie keine Grenzen gesetzt. Seit längerem hat sich hierzulande auch der Puter eingebürgert. Aber ebenfalls die Ente findet immer mehr Liebhaber.

Das Heiligabend-Menü für 4 Personen

Ochsenschwanzsuppe

Karpfen blau mit Sahnemeerrettich
Buttersauce
Petersilienkartoffeln

Himbeerschaum

Moselwein

Ochsenschwanzsuppe

Zutaten:

1 Ochsenschwanz
250 g mageres Rindfleisch
1 1/2 l Wasser
1 Bund Suppengrün

12 Pfefferkörner
1 El. Salz
1/8 l Madeira-Wein

Ochsenschwanz und Rindfleisch in Stücke schneiden und ohne Fett mit Pfefferkörnern und Salz anbraten. Wasser dazugeben und eine Stunde kochen lassen. In der Zwischenzeit das Suppengrün putzen, in gleichmäßige kleine Stücke schneiden und dazugeben. Weitere zwei Stunden kochen. Die Brühe durch ein Sieb geben und mit Salz und Madeira abschmecken.

Karpfen blau mit Sahnemeerrettich und Buttersauce

Zutaten:

1 Karpfen von ca. 2 kg
1/2 l Wasser
1/2 l herber Weißwein
2 El. Weinessig

1 Zitrone
3 Tl. Salz
125 g Butter

Karpfen im Fischgeschäft ausnehmen und längs halbieren lassen. Wasser mit Weißwein, Essig, Zitrone und Salz bei großer Hitze aufkochen lassen. Flamme auf Siedetemperatur reduzieren, Karpfen hineingeben und ca. 15 Minuten ziehen lassen.

Geschmolzene Butter getrennt dazu reichen.

Sahnemeerrettich

Zutaten:

1/8 l Schlagsahne	1 Prise Salz
1 Prise Zucker	2 El. geriebener Meerrettich

Sahne steifschlagen, geriebenen Meerrettich mit Salz und Zucker darunterheben.

Petersilienkartoffeln

Zutaten:

1000 g Kartoffeln	25 g Butter
Salzwasser	1 Bund Petersilie

Kartoffeln waschen, schälen und in Salzwasser ca. 25 Minuten kochen. Abgießen und auf dem Herd kurz dämpfen.

In einem zweiten Topf Butter schmelzen, Kartoffeln darin schwenken und gehackte Petersilie dazugeben. Noch einmal durchschütteln und in einer Schüssel anrichten.

Himbeerschaum

Zutaten:

500 g tiefgekühlte Himbeeren	1/8 l Milch
1 Paket gemahlene oder	100 g Zucker
6 Blatt Gelatine	Saft einer Zitrone
1/8 l Wasser	1/8 l Schlagsahne

Aufgetaute Himbeeren pürieren oder durch ein Sieb passieren. Eingeweichte Gelatine in heißer Milch auflösen und unter das Himbeerpüree geben. Mit Zucker und Zitronensaft abschmecken. Sobald die Masse fest zu werden beginnt, steif geschlagene Sahne unterheben. Noch für zwei Stunden in den Kühlschrank stellen.

Das große Weihnachtsmenü für 6 Personen

Sektcocktail

Klare Champignonsuppe

Großmutters Gänsebraten
Rotkohl
Kartoffelklöße / Thüringer Klöße
Apfelmus

Schokoladencreme

Rotwein von der Ahr

Sektcocktail

Zutaten:

6 cl weißer Rum   1 Flasche Sekt
6 cl Orangenlikör   2 Apfelsinen

In jedes der 6 Sektgläser 1 cl weißen Rum und 1 cl Orangenlikör gießen. Verrühren und mit Sekt auffüllen. Pro Glas eine dünne, in vier Teile geschnittene Apfelsinenscheibe geben und den Rand mit einer weiteren Scheibe dekorieren.

Klare Champignonsuppe

Zutaten:

30 g Butter
1 Zwiebel
250 g mageres Kalbfleisch
250 g frische Champignons

1 El. getrocknete Champignons
1 l Instant-Hühnerbrühe
Salz
Pfeffer

Butter zerlassen und Zwiebel darin andünsten. Kalbfleisch schnetzeln und darin scharf anbraten. Die blättrig geschnittenen Champignons dazugeben. Durchschmoren lassen und die fein zerhackten getrockneten Champignons ebenfalls zugeben. Mit Hühnerbrühe auffüllen. Eine halbe Stunde leicht kochen lassen und zum Schluß mit Salz und Pfeffer vorsichtig abschmecken. Suppe in die vorgewärmten Suppentassen geben.

Großmutters Gänsebraten

Zutaten:

1 tiefgekühlte oder frische Gans von 5000 g
Salz
Pfeffer

500 g Äpfel
40 g Butter
80 g Rosinen
ca. 1/4 l heißes Wasser

Falls eine tiefgekühlte Gans verwendet werden soll, Cellophanfolie entfernen und über Nacht auftauen lassen. Von innen und außen abspülen und gut trocknen. Backofen auf 200 Grad vorheizen. Braten mit Salz und Pfeffer einreiben.

Äpfel waschen, schälen, vierteln und Kerngehäuse entfernen. Mit Butter in einer Pfanne andünsten.

Rosinen mit kochendem Wasser überbrühen. Äpfel und Rosinen mischen. Gans damit füllen und zunähen. Fettfangschale auf die untere Schiene in den Backofen schieben und mit der Hälfte des heißen Wassers übergießen.

Während der Bratzeit immer wieder mit Bratfond übergießen. Ab und zu unterhalb der Flügel und Keulen in die Gans stechen, damit das Fett besser ausbraten kann. Nach ca. 60 Minuten die Gans umdrehen. Bratfett von Zeit zu Zeit abschöpfen.
Bratzeit insgesamt 120 bis 150 Minuten.
Die Sauce nach Belieben mit in etwas Wasser verquirlter Speisestärke binden.

Abwandlung:

Backpflaumenfüllung
500 g Äpfel in Würfel geschnitten mit 500 g vorgeweichten Backpflaumen ohne Kern und 1 El. Semmelbrösel mischen.

Rotkohl

Zutaten:

1 kg Rotkohl
60 g Schmalz oder 6 El. Gänsefett
1 große Zwiebel
1/8 l heißes Wasser
6 El. Essig

2 Lorbeerblätter
4 Gewürznelken
Salz
Zucker
500 g säuerliche Äpfel

Die äußeren Blätter des Rotkohls entfernen. Kohlkopf vierteln, Strunk entfernen, waschen. In Streifen schneiden oder hobeln. Fett erhitzen, gewürfelte Zwiebel darin glasig braten und Kohl hineingeben. Anschmoren, Wasser und Essig zugießen, Lorbeerblätter, Nelken, etwas Salz und Zucker zugeben. Kleingeschnittene Äpfel auf den Kohl legen. Ca. 70 Minuten garen lassen. Gegebenenfalls noch etwas nachwürzen.

Abwandlung:

Zur Geschmacksverbesserung kann noch eine Tasse Rotwein beigegeben werden. Möglichst ein Ahrwein, der dann auch zum Essen gereicht wird.

Kartoffelklöße

Zutaten:

1800 g am Vortag in der Schale gekochte, abgepellte Kartoffeln
Salz

6 Eier
160 g Mehl

Die vorbereiteten Kartoffeln durchpressen und mit den übrigen Zutaten verarbeiten. Den Teig auf der bemehlten Tischplatte zu einer Rolle formen und in gleich große Stücke schneiden. Knödel formen.
Einen großen Topf mit kochendem Salzwasser vorbereiten und Klöße hineingeben. Fängt das Wasser wieder an zu kochen, Herd ausstellen. Darauf achten, daß die Klöße nicht am Topfboden haften. Nach ca. 10 Minuten mit Schaumlöffel aus dem Wasser nehmen und gut abtropfen lassen.

Thüringer Klöße

Zutaten:

1500 g geschälte rohe Kartoffeln
1/4 l Milch
knapp 1 Tl. Salz

50 g Butter oder Margarine
125 g Grieß
1 Brötchen
etwas Butter

Die Kartoffeln in eine Schüssel mit Wasser reiben und in einem Tuch fest auspressen.

Milch, Salz und Fett auf großer Flamme aufkochen, den Grieß auf einmal hineinschütten, ihn zu einem großen Kloß rühren und dabei ungefähr noch eine Minute erhitzen, ihn sofort zu den ausgepreßten Kartoffeln geben und darunterrühren. Mit bemehlten Händen faustgroße runde Klöße daraus formen und in jeden einige in dem Fett angebräunte Brötchenwürfel drücken.

Die Klöße in einen großen Topf mit kochendem Salzwasser geben und bei kleiner Flamme ca. 15 Minuten kochen lassen.
Die Klöße eignen sich hervorragend als Beilage zu Gänse- und Schweinebraten, Ente und Wildgerichten.

Apfelmus

Zutaten:

750 g Äpfel	3 El. Zucker
1/4 l Wasser	1 El. Zitronensaft

Äpfel waschen, schälen und in kleine Stücke schneiden. Mit Wasser zum Kochen bringen und bei niedriger Temperatur weich kochen lassen. Die Äpfel durch ein feines Sieb streichen, mit Zucker abschmecken und erkalten lassen.

Schokoladencreme

Zutaten:

1 Tafel Vollmilchschokolade	4 Eier
1 Tafel Bitterschokolade	2 Tl. Zucker
4 El. Milch	1/4 l Schlagsahne

Die Schokolade mit der Milch bei Schmelztemperatur auf dem Herd unter Rühren auflösen. Eigelb vom Eiweiß trennen und mit dem Zucker schaumig schlagen. Mit der Schokoladenmasse verrühren. Das steif geschlagene Eiweiß vorsichtig unterheben. Ebenfalls die geschlagene Sahne, wovon etwas für die Garnierung zurückbehalten wird. Die Creme in Portionsschälchen aufteilen und im Kühlschrank gut durchkühlen lassen oder eine halbe bis eine Stunde in die Tiefkühltruhe stellen.

Weihnachtsmenü für 4 Personen

Selleriecremesuppe

Puter
Maronen-Kartoffelpüree
Rotkohl nach nordischer Art

Irischer Kaffee
mit Weihnachtsgebäck

Rheinhessen-Wein

Selleriecremesuppe

Zutaten:

1 Sellerieknolle	1 Eigelb
1 Zwiebel	1/2 Tasse süße Sahne
1 l Fleischbrühe	Salz
30 g Butter	geriebene Muskatnuß
30 g Mehl	

Sellerieknolle und Zwiebel schälen und würfeln. Beides bei schwacher Hitze 25 Minuten in der Fleischbrühe kochen. Durch ein Sieb geben oder im Mixer pürieren. Aus Butter

und Mehl eine Mehlschwitze bereiten und Sellerie-Zwiebelgemisch zunächst löffelweise zugeben. Immer wieder aufkochen lassen bis die Gesamtmenge verbraucht ist. Noch einmal 5 Minuten durchkochen lassen. Suppe vom Herd nehmen. Eigelb und Sahne in einer Tasse verquirlen und zugeben. Zum Schluß mit Salz und Muskatnuß würzen.

Puter

Zutaten:
1 Puter
Salz
250 g durchwachsener Speck
1/4 l Fleischbrühe
2 El. süße Sahne

Füllung:
100 g Butter
4 Eier
100 g Paniermehl
200 g gemahlene Mandeln
50 g Rosinen
geriebene Zitronenschale
1/4 l saure Sahne
1 Prise Salz

Puter waschen, gut abtrocknen und innen und außen mit Salz einreiben.

Butter schaumig rühren, mit Eigelb, Paniermehl, gemahlenen Mandeln, Rosinen, Zitronenschale, Schlagsahne und Salz verrühren. Steifgeschlagenes Eiweiß darunterziehen.

Puter mit Mandelmasse füllen und zunähen.

Mit Speckscheiben umwickeln und im vorgeheizten Backofen bei 200 Grad je nach Größe des Puters ca. 2 Stunden braten. Von Zeit zu Zeit Fleischbrühe zum Puter geben und den Braten mit dem Fleischfond begießen. 20 Minuten vor Ende der Bratzeit Speck entfernen, damit die Haut gleichmäßig gebräunt wird. Sauce mit Sauerrahm binden und abschmecken.

Maronen-Kartoffelpüree

Zutaten:
1 Dose Maronenpüree
1 Paket Instant Kartoffelpüree
1/4 l Milch
Salz

50 g Butter
nach Wunsch: 1 Dose ganze Maronen

Maronenpüree unter Rühren langsam erwärmen. Kartoffelpüree nach Anweisung auf der Packung zubereiten. Butter und das erwärmte Maronen-Püree unterschlagen. Anrichten. Das Püree sieht besonders appetitlich aus, wenn man es mit grober Tülle auf eine vorgewärmte Platte spritzt und mit ganzen Maronen umlegt. Die Maronen werden vorher erhitzt und in Butter geschwenkt.

Rotkohl nach nordischer Art

Zutaten:

2000 g Rotkohl	Salz
1/2 l Weinessig	Pfeffer
1/2 l Wasser	75 g Zucker

Rotkohl putzen und in feine Streifen schneiden. Mit Essig und Wasser bei offenem Deckel 30 Minuten kochen lassen. Mit Salz, Pfeffer und Zucker würzen. Weitere 30 Minuten kochen lassen. Falls noch zu viel Flüssigkeit vorhanden ist, etwas abgießen.

Irischer Kaffee

Zutaten pro Glas:

3 Eßlöffel Irischer Whisky	2 Tl. Puderzucker
3/4 Glas heißer, starker Kaffee	4 Tl. halbsteif geschlagene Sahne

Die mit heißem Wasser ausgespülten Gläser mit angewärmtem Whisky füllen, Kaffee zugeben und Puderzucker untermischen. Glas teelöffelweise mit Sahne auffüllen. Darauf achten, daß Sahne und Kaffee sich nicht vermischen.

Stollen

Marzipanstollen

Zutaten:

500 g Mehl	4 El. Rum
2 Pk. frische Hefe	200 g Zitronat
125 g Zucker	100 g Marzipanrohmasse
1/8 l Milch	75 g Puderzucker
250 g Butter	1 El. Rum
abgeriebene Zitronenschale	Fett für das Backblech
1 Prise Salz	75 g Puderzucker
etwas Mehl zum Kneten	125 g Butter
500 g süße Mandeln	

Mehl in eine Schüssel geben, in die Mitte eine Mulde drücken. Zerbröckelte Hefe mit 1 Eßlöffel Zucker in der lauwarmen Milch auflösen. Mit etwas Mehl zu einem Brei verrühren. Vorteig abgedeckt an einem warmen Ort 20 Min. gehen lassen.

Weiche Butter, den restlichen Zucker, abgeriebene Zitronenschale und 1 Prise Salz zum Vorteig geben, mit den Knethaken des Handrührgerätes zu einem Teigkloß verarbeiten, der sich von der Schüssel lösen muß.

Teig aus der Schüssel nehmen und auf leicht bemehlter Arbeitsfläche abwechselnd solange schlagen und durchkneten, bis er glänzend und glatt ist. Den Teigkloß zurück in die Schüssel geben und abgedeckt an einem warmen Ort 20 Minuten gehen lassen. Mandeln brühen, abziehen, eine Hälfte grob hacken, die andere fein mahlen. Zusammen mit Rum und Zitronat unter den Teig arbeiten. Abermals an einem warmen Ort abgedeckt 15 Min. gehen lassen.

Marzipanrohmasse mit Puderzucker – etwas zum Ausrollen zurücklassen – und Rum verkneten. Auf leicht mit Puderzucker bestäubter Arbeitsfläche zu einer Rolle formen. Den gegangenen Teig kurz durchkneten.

Backblech fetten. Teig auf dem Backblech zu einem etwa 4,5 cm dicken Oval formen, in die Mitte die Marzipanrolle legen und den Teig übereinanderschlagen, so daß die untere Teigplatte etwas vorsteht.

Überstehendes Zitronat und Mandeln mit einem Messer in den Teig stechen, damit sie während des Backens nicht verbrennen. Aluminiumfolie zu einem Streifen kniffen, um den Stollen legen. Die Streifenenden mit einer Büroklammer zusammenstecken. Stollen auf dem Backblech nochmals an einem warmen Ort abgedeckt 15 Min. gehen lassen. Bei 175 Grad 60 Min. backen.

Den noch heißen Stollen mit einer Nadel mehrere Male einstechen. Den Stollen mit flüssiger heißer Butter bestreichen.

Den Stollen dick mit Puderzucker überstäuben, abermals mit heißer Butter bestreichen und dick mit Puderzucker bestäuben. Gut auskühlen lassen. Den Stollen in Alufolie einwickeln und mindestens drei Wochen an einem kühlen Ort aufbewahren, damit sich sein köstliches Aroma voll entfalten kann.

Christstollen

Zutaten:
175 g Mandeln
175 g Rosinen
50 g Korinthen
50 g Zitronat
50 g Orangeat
1 Päckchen Vanillinzucker
3 El. Rum

Für den Teig:
500 g Mehl
60 g frische Hefe
90 g Zucker
gut 1/8 l Milch
250 g Butter
Fett für das Blech
100 g Butter
Puderzucker zum Bestäuben

Mandeln brühen, mit kaltem Wasser abschrecken und häuten. Die Hälfte der Mandeln mahlen, die andere Hälfte hacken. Mandeln mit Rosinen, Korinthen, Zitronat, Orangeat, Vanillinzucker und Rum mischen, zudecken und über Nacht stehen lassen. Für den Teig das Mehl in eine Schüssel geben, in die Mitte eine Mulde drücken. Hefe mit einem Tl. Zucker in der lauwarmen Milch auflösen, in die Mehlmulde gießen, mit wenig Mehl zu einem dickflüssigen Brei verrühren. Diesen Vorteig abgedeckt an einem warmen Ort 20 Minuten gehen lassen. Den restlichen Zucker und die weiche Butter zugeben, mit den Knethaken des Handrührers (oder in der Küchenmaschine) zu einem glatten, glänzenden Teig verarbeiten. Abgedeckt an einem warmen Ort 30 Minuten gehen lassen, dann die vorbereiteten Früchte untermischen. Aus dem Teig 4 kleine Stollen formen und auf ein gefettetes Backblech setzen, abgedeckt noch einmal 20–30 Minuten gehen lassen. Im vorgeheizten Backofen bei 200 Grad die Stollen 30–40 Minuten backen. Die Stollen mit einer Spicknadel mehrmals einstechen, mit Butter bestreichen und mit Puderzucker bestäuben. Wiederholen. Die Stollen auskühlen lassen, in Alufolie verpacken und 4 Wochen ruhen lassen.

Rosinenstollen

Zutaten:

250 g Mehl
40 g frische Hefe
6 El. Milch
50 g Zucker
1 Päckchen Vanillinzucker
125 g Butter

300 g Mehl
1/2 Päckchen Backpulver

Für den Quark-Öl-Teig:

150 g Magerquark
6 El. Milch
6 El. Öl
75 g Zucker
1 Päckchen Vanillinzucker
1 Prise Salz

Außerdem:

250 g Rosinen
100 g Korinthen
50 g Orangeat
50 g Zitronat
Fett für das Blech
100 g Butter
Puderzucker zum Bestäuben

Für den Hefeteig das Mehl in eine Schüssel geben, in die Mitte eine Mulde drücken. Hefe in der lauwarmen Milch mit einem Tl. Zucker lösen, in die Mehlmulde gießen, mit wenig Mehl zu einem dickflüssigen Brei verrühren, abgedeckt an einem warmen Ort 20 Minuten gehen lassen. Zucker, Vanillinzucker und die weiche Butter zugeben, alles mit den Knethaken des Handrührers (oder in der Küchenmaschine) zu einem glatten Teig verarbeiten. Wieder abgedeckt 30 Min. an einem warmen Ort gehen lassen, bis der Teig doppelt so hoch ist.

Inzwischen für den Quark-Öl-Teig Quark, Milch, Öl, Zucker, Vanillinzucker und die Prise Salz miteinander verrühren, Mehl mit dem Backpulver mischen und unterkneten. Rosinen, Korinthen, Orangeat und Zitronat mischen, Quark-Öl-Teig und die Früchte unter den Hefeteig kneten. Aus dem Teig vier kleine Stollen zugedeckt an einem warmen Ort wieder 30 Minuten gehen lassen. Den Ofen auf 200 Grad vorheizen, die Stollen darin 30–40 Minuten backen. Inzwischen die Butter schmelzen lassen, die fertig gebackenen, noch heißen Stollen mit einer Spicknadel mehrmals einstechen. Mit flüssiger Butter bestreichen, mit Puderzucker bestäuben, mehrmals wiederholen. Dann die Stollen auf einem Kuchengitter auskühlen lassen. In Alufolie verpackt 4 Wochen ruhen lassen.

Zimt-Mandel-Stollen

Zutaten:

500 g Mehl
80 g frische Hefe
90 g Zucker
gut 1/8 l Milch
250 g Butter
200 g Marzipanrohmasse

250 g Mandeln
gemahlener Zimt
Fett für das Blech
100 g Butter
Puderzucker zum Bestäuben

Mehl in eine Schüssel geben, in die Mitte eine Mulde drücken. Hefe mit einem Tl. Zucker in der lauwarmen Milch auflösen, in die Mehlmulde gießen und mit etwas Mehl zu einem dickflüssigen Brei verrühren. Diesen Vorteig abgedeckt an einem warmen Ort 20 Minuten gehen lassen. Restlichen Zucker, die weiche Butter und die weiche Marzipanmasse in Stücken untermischen, mit den Knethaken des Handrührers oder in der Küchenmaschine zu einem glatten, glänzenden Teig verarbeiten. Wieder zudecken und an einem warmen Ort 30 Minuten gehen lassen. Inzwischen die Mandeln brühen, kalt abschrecken und häu- ten. Die Hälfte fein mahlen, die andere Hälfte grob hacken. Mandeln und Zimt unter den Teig arbeiten. Aus dem Teig vier kleine Stollen formen, auf ein gefettetes Blech setzen und zugedeckt 30 Minuten gehen lassen. Dann im vorgeheizten Ofen bei 200 Grad 30–40 Minuten backen. Die heißen Stollen mit einer Spicknadel mehrmals einstechen, mit flüssiger Butter bestreichen und mit Puderzucker bestäuben. Noch einige Male wiederholen. Die Stollen auf einem Kuchengitter gut auskühlen lassen, dann in Alufolie packen und 4 Wochen ruhen lassen.

Kulinarische Kostbarkeiten

Als Überraschung macht es sich besonders zu Weihnachten gut, wenn man eine der vielen bekannten „Kulinarischen Kostbarkeiten" servieren kann. Lassen Sie sich nicht durch die Rezepte abschrecken – eine Geflügelpastete oder auch ein Ziegenkäse in Olivenöl sind verhältnismäßig einfach zuzubereiten. Und vor allem, sie stellen in der üppigen Essensfolge des Festes spezielle Höhepunkte dar.

Geflügelpastete

Zutaten:

1 fertig gekauftes gebratenes oder gegrilltes Hähnchen
500 g Geflügelleber
2 kleine Zwiebeln
2 El. Butter
Thymian
gemahlener Koriander

Pfeffer aus der Mühle
Salz
4 cl Portwein
1 Becher süße Sahne (200 g)
Pistazienkerne zum Garnieren
Lorbeerblätter

Das Hähnchen häuten und in Stücke teilen, das Fleisch von den Knochen lösen. Die Geflügelleber waschen, putzen und trockentupfen. Die Zwiebeln pellen und hacken. In einer Pfanne die Butter zerlassen, Leber und Zwiebelwürfel darin anbraten, mit Thymian, Koriander, Pfeffer und Salz kräftig würzen und noch einige Minuten weiterbraten. Mit dem Portwein löschen, dann die Pfanne vom Herd nehmen. Das Hähnchenfleisch und die Leber samt dem ganzen Bratenfond durch den Fleischwolf (feine Scheibe) drehen. Die durchgedrehte Masse mit der Sahne verrühren, abschmecken und kühl stellen. Die Pastete mit den Pistazien bestreut und mit Lorbeerblättern verziert servieren. Frisches Weißbrot und ein Glas leichter Rotwein passen am besten dazu.

Ziegenkäse in Olivenöl

Zutaten:

Ziegenkäse
Thymian
Salbei
Rosmarin

Lorbeerblätter
Pfefferkörner
Olivenöl

Vom Ziegenkäse das Äußere abschaben. Den Käse in 3 bis 4 cm dicke Scheiben schneiden und in ein Glasgefäß legen. Gewürze ebenfalls hineinlegen und mit Olivenöl auffüllen, so daß der Käse vollkommen bedeckt ist.

Blutorangen-Gelee

Zutaten:

12 Blutorangen

1 kg Gelierzucker

Die Hälfte der Blutorangen gründlich unter heißem Wasser waschen, da bei diesen Früchten die Schale mitverwendet wird. Die gewaschenen Orangen mit einem scharfen Küchenmesser in Spiralen so dünn wie möglich schälen. Die Orangenschale mit einem großen Messer quer in sehr dünne Stifte schneiden. Die geschälten und die ungeschälten Früchte auspressen, den Saft durch ein Sieb in einen Meßbecher gießen (es müssen etwa 3/4 l sein). Den Saft in einem hohen Topf mit dem Gelierzucker erhitzen und 4 Minuten sprudelnd kochen lassen. Erst während der letzten Minute die feingeschnittene Orangenschale dazugeben, weil sonst das Gelee zu bitter wird. Das fertige Gelee noch heiß in gut ausgespülte Gläser füllen und verschließen.

Ingwerlikör

60 g frischer Ingwer
1 Flasche Weinbrand
200 g Honig
4 El. Wasser

Ingwer schälen und in dünne Scheiben schneiden. Mit Weinbrand begießen und in ein fest zu verschließendes Gefäß geben. 8 Tage ziehen lassen und ab und zu durchschütteln. Danach durch ein Sieb gießen. Die dort verbleibenden Ingwerscheiben mit dem Honig und dem Wasser aufkochen und zugedeckt abkühlen lassen. Wieder zum Cognac geben, in das Gefäß zurückgießen, fest verschließen und durchschütteln. Der Likör hält sich mehrere Monate.